¡Que el mensaje esté bien escrito!

Ojeada a las reglas gramaticales

José L. Rodríguez Calderón

BALBOA.
PRESS

A DIVISION OF HAY HOUSE

Puede hacer pedidos de libros de Balboa Press en librerías o poniéndose en contacto con:

Balboa Press
Una División de Hay House
1663 Liberty Drive
Bloomington, IN 47403
www.balboapress.com
1 (877) 407-4847

Debido a la naturaleza dinámica de Internet, cualquier dirección web o enlace contenido en este libro puede haber cambiado desde su publicación y puede que ya no sea válido. Las opiniones expresadas en esta obra son exclusivamente del autor y no reflejan necesariamente las opiniones del editor quien, por este medio, renuncia a cualquier responsabilidad sobre ellas.

El autor de este libro no ofrece consejos de medicina ni prescribe el uso de técnicas como forma de tratamiento para el bienestar físico, emocional, o para aliviar problemas médicas sin el consejo de un médico, directamente o indirectamente. El intento del autor es solamente para ofrecer información de una manera general para ayudarle en la búsqueda de un bienestar emocional y espiritual. En caso de usar esta información en este libro, que es su derecho constitucional, el autor y el publicador no asumen ninguna responsabilidad por sus acciones.

Las personas que aparecen en las imágenes de archivo proporcionadas por Thinkstock son modelos. Este tipo de imágenes se utilizan únicamente con fines ilustrativos. Ciertas imágenes de archivo © Thinkstock.

Información sobre impresión disponible en la última página.

ISBN: 978-1-5043-5420-2 (tapa blanda)
ISBN: 978-1-5043-5421-9 (libro electrónico)

Fecha de revisión de Balboa Press: 04/05/2016

Contenido

Muchos de los estudiantes de la Biblia tienen vocación para ser pastores y ministros del Señor. Lamentablemente, se puede observar la cantidad de ellos que les entregan trabajos con muchísimos errores ortográficos a sus profesores. Estos candidatos al ministerio necesitan el beneficio de la explicación que provee este ensayo "a gritos", como decimos en Puerto Rico.

Un mensaje bien escrito provee más ayuda para que sea bien predicado. Algunos piensan que como sus computadoras están equipadas con el programa de español, todo lo que escriban estará correcto. ¿Por qué se equivocan? Fallan porque todavía muchas de las computadoras no reconocen la diferencia entre los monosílabos que se acentúan y los que se deben escribir sin acento ortográfico, entre otras cosas. Así por ejemplo, si escribo "Solo se que no se puede hacer así", el programa no pone palabra alguna de la oración anterior en rojo, lo que nos haría pensar que está todo correcto; pero dicha oración está mal escrita. Algunos programas pueden indicar una de las palabras en azul, indicando que hay un problema. ¿Cómo dicha oración es escrita correctamente? La oración puede escribirse bien la siguiente manera: "Sólo sé que no se puede hacer así". Este librito enseña las reglas que explican con detalle cuándo se debe acentuar la palabra "solo" y cuándo se debe acentuar el monosílabo "se", entre otros muchos.

Es triste pensar que muchos ocupan a otras personas y/o pagan mucho dinero para que alguien les haga los proyectos. Esto no debe ser así. Todavía tiene tiempo para aprender. Eso de estar dependiendo de otros para que le haga sus trabajos deja mucho que decir. Aproveche esta herramienta básica para escribir con propiedad en español. Es sencillo, a la vez que es profundo. Solo basta con practicar cada regla y utilizarla una y otra vez, hasta que se convierta en parte del bagaje de la preparación ministerial.

Una gran parte del contenido de este libro está incluida en varios de mis trabajos anteriores. ¿Por qué otra vez? Porque este nuevo proyecto incluye algunos puntos adicionales que en mis escritos previos no los podrá encontrar.

Quiero dejar claro que no es que soy una eminencia en gramática. Por eso estoy seguro que algunas partes de este trabajo las pueden mejorar los expertos. Sin embargo, ya algunas personas me comunicaron que la parte que explica sobre gramática les ayudó muchísimo. Por eso ahora mejoré esta herramienta de manera que sea más fácil para usar por los que quieren escribir bien y predicar con seguridad los mensajes inspirados por Dios.

Comenzaremos presentando varias de las definiciones básicas para establecer así el fundamento o la piedra angular de nuestro estudio. Aprenderemos, entre otras cosas, de dónde procede el español, cuáles son los principales países donde el español domina, practicaremos la división silábica; abordaremos la escritura numérica, aprenderemos a acentuar las palabras – incluyendo las acepciones a las reglas, discutiremos el uso correcto de las letras mayúsculas y minúsculas, los signos de puntuación; estudiaremos las preposiciones, otras funciones de las homófonas, una introducción a los verbos regulares e irregulares, la redacción y la composición, y por último, la presentación de algunos mensajes que están correctamente escritos.

La idea de la presentación de algunos mensajes escritos es para prestarle atención a la ortografía. En ninguna manera este libro ha de sustituir los cursos del instituto donde se practica el arte de predicar y se discute al detalle todos los elementos en la elaboración de mensajes, como: el título, el tema, las frases de transiciones, las ilustraciones, el desarrollo y la conclusión, entre otros pormenores. En otras palabras, la acentuación de las palabras se enfatiza, así como la organización estructural del mensaje debe ser reorganizada en párrafos, en la eliminación de la voz pasiva, etcétera.

En la última parte, las contestaciones están mal escritas con la idea de que sean corregidas; y que al arreglarlas de esa manera perfeccione su gramática. Trate honestamente de contestar las preguntas lo mejor que pueda sin mirar las contestaciones que se presentan en la próxima página para muchas de ellas. Si no está seguro de su contestación, repase el material hasta que logre entenderlo. Luego verifique que sus contestaciones estén en armonía con las que el libro presenta en la próxima sección.

Al concluir este estudio, el estudiante del seminario/instituto bíblico podrá hacer sus propios proyectos mucho mejor aceptados para recibir una buena calificación; y por ende, estará mejor preparado para el ministerio al que Dios le llama. ¿Está listo(a)? Comencemos estudiando algunas definiciones.

Algunas Definiciones

Letra. "Una letra es un signo que representa un sonido de un alfabeto". Con el uso de las letras, formamos las palabras, en el idioma que sea.

Palabra. "Una palabra es un conjunto de sonidos o de letras que representan un ser, una cosa, una idea o concepto". Por ejemplos: mujer, nido, inteligencia.

Alfabeto. "Un alfabeto es una lista de todas las letras utilizadas en la transcripción de los sonidos de una lengua, enumerados según un orden convencional". Existen diferentes alfabetos porque existen diferentes lenguas.

Convencional. La palabra convencional se usa para describir "aquello que cambia según la tradición y la costumbre". Un ejemplo es decir que los métodos convencionales de la enseñanza son repetitivos. Las reglas gramaticales son también convencionales porque cambian un poco a través de los años.

El alfabeto español. "El alfabeto español consta de veintisiete letras". No se incluyen los diágrafos[1] che y la elle (ch, ll). Es necesario que las sepamos de memoria y poderlas identificar con su nombre

---

[1] Los diágrafos son los signos ortográficos compuestos de dos letras para representar un fonema.

apropiado proveído por la Real Academia Española, si procuramos entender bien el español.

Palabra compuesta. Una palabra compuesta es "una unidad formada por varias palabras o elementos que forman una unidad significativa", pero en su mayoría es la unión de dos palabras distintas que se unen y forman una nueva palabra. Ejemplos son: alfabeto y puntapié.

Frase. Una frase es un grupo de palabras que no tienen sentido completo. Ejemplo, "María dijo", "María dijo que", "María dijo que soy", "María dijo que soy un", etcétera.

Oración. Una oración es un grupo de palabras (o de letras) que expresan un pensamiento completo o que tienen sentido completo. Ejemplos: María dijo que soy un hombre valiente. ¡Fuego!

Lenguaje. El lenguaje es el empleo de las palabras para expresar las ideas. Las palabras, su pronunciación, y los métodos que utiliza la comunidad para combinar los sonidos y entenderse, pertenecen al género humano. El lenguaje es audible, es articulado con los sonidos que producen los órganos vocales, pero que tienen significado. El lenguaje puede tratar sobre cualquier tema (real o imaginario, del tiempo presente, del pasado o del futuro). Al ser articulado, se puede descomponer y construir un número infinito de mensajes; que al tener significado, puede ser histórico y mudable porque varía con el tiempo y varía con las distintas comunidades de la especie humana. En otras palabras, el lenguaje es universal porque pertenece a todos los seres humanos.

Lenguaje hablado. El lenguaje hablado es el método de comunicación que se compone de signos sonoros (que suenan).

Lenguaje escrito. El lenguaje escrito es el método de comunicación que consta de signos gráficos. Ejemplo: Con la madera se construye una vivienda.

Lenguaje figurado. Se utiliza el significado de la palabra «lenguaje» para referirse a los otros medios de comunicación empleados (gestos, banderas, tambores, señales con humo, y así por el estilo). También el lenguaje figurado se utiliza cuando se refiere al lenguaje de los animales, o el lenguaje de las flores, etcétera, pero que no son el lenguaje de por sí siendo que en estos casos se utiliza la palabra «lenguaje» en sentido figurado.

Lengua. La lengua (no la que tenemos dentro de la boca, aunque se escribe igual) se refiere al idioma compuesto por un sistema de signos que se ha creado utilizando la facultad del lenguaje, pero que se aplica solamente a una misma comunidad humana. La lengua, por lo tanto, es local o particular de cada comunidad. Ejemplos: la lengua española (es de España); la lengua inglesa (es de Inglaterra); la lengua francesa (es de Francia). En gramática, decir "lengua" es lo mismo que decir, "idioma".

Lingüista. Un lingüista es una "persona que se dedica al estudio de la lingüística".

Lingüística. La lingüística es la "ciencia que estudia el lenguaje y las lenguas".

Habla. El habla es individual. El habla es el uso concreto que cada individuo hace de la lengua. Cuando combinamos el habla individual con otros, decimos correctamente: el habla de los profesionales, el habla de los estudiantes, el habla de los pescadores, el habla de tal o de cual región, las hablas regionales, el habla de los pastores y así sucesivamente.

Fonética. "Parte de la lingüística que estudia los sonidos del lenguaje desde el punto de vista de articulación o de su recepción auditiva".

Gramática. La gramática es la ciencia o el arte que tiene por objeto el estudio del idioma y que enseña a hablar y a escribir correctamente.

Seseo. El seseo consiste en pronunciar como "s" la letra "z" y los grupos "ce" y "ci" y es correcto su uso. Ejemplos: casa (el edificio de habitación), caza (perseguir animales); cerro (loma, colina); zapato, y algunas otras más.

Yeísmo= yeísmo es el fenómeno mediante el cual la doble ele (ll) y la i griega (y) tienen el mismo sonido. Ejemplos: llave, lluvia, yeso, yo…; ambos fenómenos (el seseo y el yeísmo, solo se dan en la pronunciación, no en la escritura.

La gramática se divide en seis partes: fonética, ortología, ortografía, morfología, lexicología y la sintaxis.

Fonética. La fonética son "los sonidos de que se componen las palabras", cómo suenan.

Prosodia. "La prosodia es la parte de la gramática que enseña la acentuación y la pronunciación correctas de las letras, sílabas y palabras".

Acento prosódico. El acento prosódico es la mayor fuerza que se pronuncia en una sílaba (que se conoce como la sílaba tónica) en palabras que tienen más de una sílaba (las palabras que tienen más de una sílaba se conocen como polisílabas).

Ortología. La ortología se refiere a la pronunciación, al arte de pronunciar correctamente y el hablar con propiedad.

Ortografía. La ortografía es la escritura o "el arte de escribir" correctamente.

Morfología. La morfología se refiere a "la forma de las palabras".

Lexicología. La lexicología se refiere al significado de las palabras.

Sintaxis. La sintaxis se refiere a las funciones de las palabras. Las palabras deben estar bien coordinadas y unidas de modo que formen oraciones claras y expresen conceptos apropiadamente.

Monosílabas. Las monosílabas son aquellas palabras que tienen una sola sílaba porque se pronuncian con un solo golpe de voz. Por regla general, los monosílabos no se acentúan ortográficamente. Ejemplos: seis, dos, Dios, etcétera.

Sílaba. Una sílaba es una o varias letras que se pronuncian con un solo golpe de voz. ¡Es imprescindible que sepamos cómo dividir correctamente las palabras en sílabas! Esto es así porque las reglas de acentuación están basadas en el énfasis que se le da a cada sílaba. Por ejemplo, si contamos las sílabas de derecha a izquierda de la palabra, podrá observar que la palabra "sílaba" tiene el énfasis en la antepenúltima sílaba, como lo vemos ennegrecido a continuación: "**sí**laba".

Sílaba tónica. La sílaba tónica es aquella sílaba que es acentuada.

Sílaba átona. La sílaba átona es aquella sílaba que no es acentuada.

Vocales del alfabeto español. Las vocales del alfabeto español son: a, e, i, o, u.

Vocales fuertes. Las vocales fuertes son las vocales a, e, o, que son abiertas.

Vocales débiles. Las vocales débiles son las vocales i, u, que son cerradas.

Consonantes. En gramática, las consonantes son todas las letras que no son vocales.

Hiato. El hiato se refiere a la "separación de dos vocales fuertes en dos sílabas". "El hiato es el encuentro de dos vocales que no forman diptongo y que, por lo tanto, pertenecen a dos sílabas distintas". ¿Tiene la palabra dos vocales fuertes unidas? ¡Pues es un hiato y no hay que acentuar, no importa cuál es la que lleve la fuerza! Ejemplos: Lebeo, Seol ¿Tiene la palabra una vocal fuerte unida con una vocal débil, pero la vocal débil es la que lleva la fuerza? Pues, entonces hay que ayudar a la débil con el acento y las dos son ahora fuertes, por lo tanto, es un hiato.

Al aplicar estas reglas sencillas, observe como algunas deben llevar el acento y otras no. Por ejemplos: Mateo = Ma-te-o; héroe = hé-ro-e; ferretería = fe-rre-te-rí-a (la vocal "i", aunque era débil, se convirtió en fuerte al ayudarla con el acento porque es la que lleva la fuerza, por lo tanto, hay hiato).

Si estudia y se aprende bien la sección que proveo más adelante a cerca de la correcta acentuación de las palabras, observará que algunas palabras que están en hiato no siguen las reglas generales de acentuación. Así, por ejemplo, la palabra "cafeína" siendo una palabra grave, no debería ser acentuada en la "i" porque termina en una vocal. Sin embargo, cafeína se acentúa en la "i" porque es la letra que lleva la fuerza y al ayudarla con el acento, se convierte en un hiato (ahora las dos letras son letras fuertes, tanto la "e" como la "i"). Lo mismo sucede en palabras como: increíble, reúne, dúo, caída, panteísmo, ateísmo, oído y en muchísimas más.

Diptongo. "El diptongo es la unión de una vocal débil con una vocal fuerte o la unión de dos vocales débiles en una misma sílaba". Los diptongos no deben acentuarse ni separarse en sílabas. Hay catorce combinaciones que forman diptongo: ai, au, ei, eu, oi, ou, ia, ie, io, iu, ua, ue, ui, uo. Por ejemplos: baile = bai-le; fauna = fau-na; peinilla = pei-ni-lla; Europa = Eu-ro-pa; oidor = oi-dor; Larousse = La-rou-sse[2]; viaje = via-je; viernes = vier-nes; violento = vio-len-to; viuda = viu-da; cualidad = cua-li-dad; merengue; me-ren-gue; suelo = sue-lo; incluido = in-clui-do; hinduismo = hin-duis-mo; cuota = cuo-ta.

Observe que si la vocal débil está con otra vocal débil, no se separan en sílabas y ninguna de las dos vocales se acentúa, independientemente de cuál de las dos es la que lleve la fuerza (por ejemplo: Ruiz). Observe que si la vocal débil está con una vocal fuerte donde la fuerte ya tiene la fuerza, tampoco se acentúa (por ejemplo: cruel). Vea estos ejemplos donde las vocales que forman diptongos están ennegrecidas: incluido, fuiste, ruido, ciudad, viuda.

Triptongo. Un triptongo es el "conjunto de tres vocales que se pronuncian en una misma sílaba" (ejemplos proveídos más adelante).

Sujeto. El sujeto es la parte de la oración que nos indica **de quién se habla** en la oración. El sujeto es la persona, el animal, o la cosa de quien se dice algo. Ejemplo: "Jesús lloró" (Jesús es el sujeto).

Predicado. El predicado es la parte de la oración que se relaciona con lo que se dice del sujeto. Ejemplo: "Jesús lloró" (lloró es el predicado).

Nombre (o sustantivo). «Nombre» "es la palabra que designa cualquier realidad, concreta o abstracta, que sirve para referirse a ella, reconocerla y distinguirla de otra". Ejemplos: José, biblia, mesa, Colombia.

Pronombre. «Pronombre» es la clase de palabra que ejerce las mismas funciones gramaticales que el nombre o sustantivo. (Yo, tú, él, ella, nosotros, y así por el estilo).

---

[2]   Pierre Larousse fue un lexicógrafo y editor francés del siglo X1X. Publicó el Gran diccionario universal del s. X1X en 15 volúmenes.

Adjetivo. "El adjetivo es la palabra que acompaña al sustantivo, concordando con él en género y en número, para limitar o complementar su significado". En otras palabras, el adjetivo describe al nombre. En la siguiente oración, la palabra «maravillosa» es el adjetivo: Mi esposa es una mujer maravillosa.

Verbo. "El verbo es la parte conjugable de la oración que expresa la acción y el estado del sujeto y ejerce la función sintáctica del núcleo del predicado". En cristiano, esto quiere decir que el verbo es la parte de la oración que ejecuta la acción. En la siguiente oración, el verbo es «ama»: Cristo te ama.

Verbos regulares. "Los verbos regulares son los verbos que siguen la regla general en toda su conjugación" (Ejemplos provistos más adelante).

Verbos irregulares. "Los verbos irregulares no siguen en su flexión las reglas generales" (Ejemplos provistos más adelante).

Conjugar un verbo. Conjugar un verbo es enumerar todas las formas, en todos los tiempos y modos, en todas las personas del singular y plural. Un estudio exhaustivo provee el tiempo y el espacio para lograrlo, pero no en una presentación tan corta como esta. Sin embargo, la conjugación del verbo "amar", por ejemplo: te amé, te amo, te amaré (primera persona: pasado, presente y futuro); me amaste, me amas, me amarás (segunda persona: pasado, presente y futuro) y así sucesivamente.

Flexión. En la lingüística, la flexión se refiere al "procedimiento morfológico que consiste en colocar como afijo, al final de un vocablo, desinencias con que se expresan las categorías gramaticales". "La modificación que experimentan las palabras a través de los morfema constituyentes para expresar diversas funciones dentro de la oración". ¿Qué querrá decir esto en cristiano? Habrá que preguntarle a un verdadero maestrito de español.

Desinencia. Se le llama desinencia al "morfema final o parte final de una palabra que indica algún tipo de variación gramatical, como el género, el número, el tiempo verbal", etc. Ejemplos: empujándolo, mordiéndolos, mirándola, cantándole, etc.

Adverbio. El adverbio es la "parte invariable de la oración cuya función consiste en modificar la significación del verbo, de un adjetivo o de otro adverbio".

Preposición. La preposición es la "parte invariable de la oración cuyo oficio es denotar el régimen o la relación que entre si tienen dos palabras o términos a los que sirve de nexo". Ejemplos: A, ante.

Conjunción. "La conjunción es la parte invariable que sirve para unir dos palabras o dos oraciones, estableciendo un enlace gramatical entre ellas, aunque a veces signifique contrariedad o separación de sentido". Ejemplo: Y

Artículo. "El artículo es la palabra que se antepone a los nombres para individualizarlos y concretizarlos, y para indicar su género y número". Ejemplo: lo, las.

Puntuación. "Puntuar es poner en la escritura los signos ortográficos necesarios para distinguir el valor prosódico de las palabras y el sentido de las oraciones y de cada una de sus miembros". Esto significa, simplemente, que hay que saber poner correctamente cada signo (puntos, comas, diéresis, etcétera) para que el mensaje que se quiera comunicar pueda ser comunicado correctamente. No es lo mismo decir y escribir: "¡Matad al convicto no! ¡Dejadlo ir!" que decir o escribir: "¡Matad al convicto! ¡No dejadlo ir"!

Vivir. Sin consultar diccionario alguno, diría que vivir es lo mismo que sembrar, si se me permite filosofar un poco. ¡Me encanta sembrar! Para sembrar, hay que sacrificarse un poco. También hay que tomarse el riesgo y estar dispuesto a que otro venga y le coseche lo que es temporero. El que siembra continuamente, vive continuamente. El que nunca siembra, nunca vive. Sembrar no es solamente poner semilla en la tierra. Hay que atender la siembra, con mucho esfuerzo y con mucha dedicación para que la semilla logre producir. Sembrar es traer hijos al mundo y proveerles lo necesario para que puedan crecer. Sembrar es enseñarle a otros lo que sabemos y abrirles el camino para que puedan aprender mucho más de lo que nosotros mismos sabemos. ¿Qué es lo que le gusta hacer? Pues, hágalo porque eso es vivir. Siempre y cuando que sea de beneficio para todos, haga lo que le guste hacer. Envíele una ofrenda a los misioneros, haga obras de caridad. Enséñele hacer algo a alguien que pueda ser de provecho para todos. Ésa es mi opinión acerca de lo que es vivir. Para una definición aceptada de lo que es vivir, consulte su diccionario.

Morir. Sin consultar diccionario alguno, diría que morir es lo mismo que cosechar, si se me permite seguir filosofando un poco. Morir no es encontrar el final, sino el principio de la cosecha. Unos cosecharán vida y disfrutarán lo que nunca se termina. Otros cosecharán lo que en verdad merecieron sus hechos porque fueron vagos y no sembraron. Ésa es mi opinión acerca de lo que es morir. Para una definición aceptada de lo que es morir, consulte su diccionario.

¿Las leyó con detenimiento? Estas no son todas las definiciones, por supuesto. ¡Para eso están los diccionarios, mi hermano(a)! Presenté estas pocas porque me sirven para construir un pequeño estudio personal del idioma, que ahora quiero compartir. ¿Qué les parecen? Continuemos indagando de dónde salió nuestro idioma y ojeando a los países de habla hispana antes de comenzar con las divisiones de las sílabas.

Procedencia del español (el origen de algunas palabras)

"El español procede directamente del latín vulgar, lengua que los soldados romanos llevaron a la Península[3] Ibérica (a España) cuando la invadieron en el año 218 a.C."

A continuación presento una muestra del origen de algunas de las palabras.

Palabras de origen vasco (de España y de Francia): izquierdo, pizarra, boina...

Palabras de origen prerrománico: Iberia, manteca, perro, barro...

Palabras de origen germánico y visigodo: guerra, espuela, guarecerse, falda, bandido...

Palabras de origen árabe: ojalá, azucena, azahar, alberca, algodón, almacén, alcalde, alguacil, alcohol, alboroto, almohada, jarabe, azul, añil, arroba, azulejo, azúcar, zanahoria, carmesí, albóndiga....

Palabras de origen italiano (italianismos): escopeta, escolta, fragata, piloto, diseño modelo, balcón, fachada, novela, pedante, capricho...

---

[3] Una península es una porción grande de tierra cercada por el agua excepto por una parte que comunica con tierra firme. (España, Italia, Escandinavia y Grecia son penínsulas de Europa).

Palabras de origen francés (galicismos): homenaje, mensaje, manjares, viandas, vinagre, arribar, comandar, favorito, galante, interesante, intriga, modista, coqueta, hotel, sofá, chofer, garaje, merengue (un dulce)...

Palabras de origen inglés (anglicismos): dandi, club, vagón, tranvía, yate, bote, líder, béisbol, volibol, bistec (o biftec), comité...

Palabras de origen taíno: ají, bohío, huracán, canoa, enagua, batey, maíz, tabaco, tiburón....

Algunas palabras puertorriqueñas que quizás no las encuentre en muchos de los diccionarios son: mofongo, candungo, pichear, pitirre, chavao o chavado, límber, témbol, entre otras. Un candungo se refiere a cualquier envase o recipientes donde se conservan o se cargan los productos. Mofongo es una comida que es como una bolita hecha con plátano y chicharrón. Pichear se dice del acto de arrojar la bola en el juego de béisbol. Pitirre es el nombre de un ave el cual produce ese sonido. Chavao o chavado se dice de algo que está en muy malas condiciones. (Es lo que le sucederá a este librito, si lo deja donde le afecte la humedad o el mucho calor. ¡Cuídelo mucho, por favor!) Un "límber" es un bloquecito de hielo hecho con agua, azúcar y/o con cualquier sabor añadido.

No es fácil averiguar de dónde salieron muchas palabras que usamos en nuestra lengua, si alguna autoridad no lo enseña. Podemos, sin embargo, inferir algo obvio acerca del origen de muchas palabras. Nos damos cuenta que las palabras surgen, entre otras razones, por conveniencia de asimilación, para que podamos entendernos mejor.

Recientemente me puse a buscar por qué a una avenida que hay cerca de mi residencia le pusieron "New Bern Avenue". Tal parece que la palabra "Bern" es de origen alemán, que significa "cantón" refiriéndose a las demarcaciones territoriales o a cada uno de los territorios o divisiones que separan los diferentes distritos o municipios en muchas partes del mundo. Pienso que la razón por la cual en Puerto Rico, a veces, usamos la palabra "canto" cuando nos referimos a un pedazo de algo (no al del verbo Cantar) es porque los americanos trataron de describir las subdivisiones usando la palabra en inglés "canton", de donde los aborígenes repitieron "canto".

Sí, si va a los campos de Puerto Rico, puede ser que todavía escuche a un cliente pedir en una tienda un pedazo de calabaza diciendo: "quiero un canto de calabaza". O puede que escuche: "Le tiró con un canto de madera y le dio en la cabeza" y así sucesivamente.

También pienso que es muy probable que la palabra "escupir" que usamos en español, pudo haber tenido un origen similar cuando los de habla inglesa estaban tratando de comunicarles a nuestros antepasados el acto de arrojar, despedir, expulsar algo fuera. Lo que ellos tenían en sus mentes eran los cucharones esos que se usan para arrojar cosas hacia afuera, como el propósito con el cual se usa el instrumento llamado en inglés "Scoop". Las dos letras repetidas (oo) suenan como la U en español. Muy fácilmente, cualquier hispano puede leerlas y decir "escup" de donde surgió, con toda probabilidad, la palabra "escupir".

Por otro lado, quizás la palabra "límber" que mencioné anteriormente, tuvo su origen en alguien que vio el título de una compañía de construcción americana conocida como "Link-Bert", o tal vez, fue solamente una mala traducción de la palabra en inglés "limber" que significa ser flexible o ser capaz de doblarse sin esfuerzo (Recuerde que es fácil hacer un límber. Solamente échele azúcar a un poco de agua y déjele que se congele).

No se vaya muy lejos, escuché una vez que alguien le puso por nombre a su recién nacido "Usmail" porque leyó lo que decía un camión del Correo americano. En algunos sectores de Puerto Rico también se escucha la palabra "témbol". Tiene que ver con los juegos de los niños cada vez que uno de los jugadores necesita una interrupción o un pequeño descanso. ¿De dónde surgiría la palabra "témbol"? ¿Alguien sabe? Tal vez ocurrió por primera vez cuando uno de habla inglesa quiso decir "ten la bola", pero los hispanos escucharon "témbol" y asimilaron la palabra para pedir un pequeño paréntesis o interrupción en el juego. ¿Qué opina usted?

Palabras de origen azteca: chocolate, tomate, aguacate, tamal, chile…

Palabras de origen quechua (de Perú y de Ecuador): llama, ñapa, papa…

Palabras de origen africano: guineo, ñame, dengue, mofongo, guarapo, bemba, merengue (el ritmo musical, no el dulce), mambo,...

Palabras de origen griego: automóvil, aeroplano, televisión, telégrafo, teléfono, locomotora, telescopio, penicilina...

Naturalmente, en muchos países se pronuncian muchas de las mismas palabras de maneras diferentes, aunque sea el mismo idioma. Ahora me parece necesario presentar los países de habla hispana. ¿En cuántos lugares del mundo se habla español?

Países de Habla Hispana

La enciclopedia dice que al comienzo del siglo XX1 el español es el tercer idioma que más se habla en el mundo[4], como con 358 millones de personas que lo hablan bien. El segundo que más se habla en todo el mundo es el inglés, como con 400 millones de personas que hablan el inglés bien. El idioma que más se habla en el mundo entero es el idioma chino, como con 900 millones de chino-parlantes.

En cuanto al español respecta, en México es donde más hispanoparlantes se encuentran, con más de 85 millones de personas. Luego le sigue Colombia con más de 40 millones. Seguidamente Argentina con más de 35 millones. En Estados Unidos más de 20 millones de personas usan el español. Se habla bien el español en: España, México, El Salvador; Costa Rica, Panamá, Cuba; República Dominicana, Puerto Rico, Honduras; Nicaragua, Colombia, Venezuela; Ecuador, Perú, Bolivia; Chile, Paraguay, Uruguay, Argentina; Santa Fe, Nuevo México, Estambul, Turquía…, También hay muchos hispanoparlantes en las Islas Canarias, parte de Moroco, Filipina, Australia, África, Belice, aunque en algunos de estos últimos lugares el español no es el idioma oficial. (Por ejemplos, el idioma oficial de Belice es el inglés, así como en los Estados Unidos de

---

[4] Vea referencia tomada de "Grolier Online, 2012."

América). Belice (en inglés: *Belize*) es un país de América Central ubicado en el extremo noreste de América Central, limitado al norte con México y al oeste con Guatemala. Es el único país de América Central donde el idioma oficial es el inglés, lengua materna del 3% de la población. Los idiomas predominantes, sin embargo, son el español y el criollo beliceño. Esto se debe al pasado colonial de Belice, al ser el único país centroamericano que fue colonia Británica. ¡Interesante! ¿No es así?

Al igual que en todos los países del mundo, los países hispanos se han distinguido a través de los años por diferentes razones. Así, por ejemplo, Honduras es un país que exporta muchas bananas; Lima es la capital más grande del Perú, la quinta ciudad más grande en América Latina (las otras ciudades más grandes, en orden de prioridad son: la ciudad de México, Sao Paulo, Buenos Aires y Río de Janeiro); México y Argentina son naciones industriales; Uruguay tiene reformas sociales muy avanzadas, así como un gobierno democrático; El principal producto de Colombia es el café; La Argentina se enriquece con carne y con trigo; Costa Rica tiene más maestros de escuela que soldados (o tenía en el momento en que hice esta investigación); Venezuela produce mucho petróleo; Bolivia depende del estaño; Buenos Aires es el centro cultural e industrial de la Argentina, Puerto Rico tiene una constitución muy parecida a la de los Estados Unidos, etc.

Siendo, pues, el español el tercer idioma en el mundo que más se habla, ¿Qué tal si comenzamos aprendiéndolo bien, con un poco de arte? Una manera conveniente para aprender las reglas de la ortografía en español, es aprendiendo a dividir en sílabas primeramente. Veamos.

División Silábica

Con la ayuda del Todopoderoso, podemos aprender cómo acentuar la mayoría de las palabras correctamente. La clave aquí son las sílabas. Si sabemos distinguir las distintas sílabas que contiene una palabra, vamos por el camino correcto que nos llevará a perfeccionar nuestro español escrito. Está en las definiciones que una sílaba es una o varias letras que se pronuncian con un solo golpe de voz. Las reglas de división silábica en español son fáciles de seguir. Si nos basamos en la manera como estamos acostumbrados a pronunciar las palabras, eso nos ayudará. Una regla dice que siempre que nos encontremos con un diptongo, no debemos separarlo en sílabas distintas. Si lo hacemos, lo convertimos en un hiato y hay que tener cuidado si hay hiato o no[5].

A ver, practique separando en sílabas el listado de palabras. Use el guion como instrumento de separación, como lo hago con las primeras tres palabras.

Lenguaje   len-gua-je

Habla   ha-bla

Boina   boi-na

---

[5] Proveo más ejemplos de división silábica en las definiciones de hiato y diptongos (vea la lista).

Lily
Miguel
Ester
Manuel
Izquierda
Pizarra
Isabel
Guarecerse
Fonética
Ortología
Sílaba
Monosílabos
Casa
Mano
Aclamar
Abrigo
Allanar
Alma
Arte
Lección

Enchilada
Enfriado
Trino
Obscuridad
Ciudad
Peinilla
Confesora
Calderón
Lydia
De
Jesús
Delgado
Sobeida
Elena

Emilio
Ludín
Ismael
Gladys
Tomasita
Francisco
Sarita
Nilda
Héctor
Wilfredo
Senobia
Marta
Maché
Gloria
Nereida
García
Margarita
Pimentel
Maldonado
Edna
Ruiz
Candelario
Elizabeth
Escárate
Maribel
Lima
Jennifer
Hernández
Claribel
López
Saldaña
Alba
Mercedes
Demetrio
Fabiola

Gloribel

Quiñonez

Rodríguez

Ruperto

Ramos

Sabian

Jesús

Federico

Cortesía

Patricia

Ángela

Julia

Carmona

Minerva

Tabita

Haydeé

Josephine

Verónica

Víctor

Adelaida

¿Vio qué fácil es? La cosa se nos complica un poco cuando hay triptongo, o sea, cuando nos encontramos con tres vocales juntas. Los triptongos están formados por una vocal abierta o fuerte (a, e, o) que está en el medio de dos vocales débiles o cerradas (i, u). Lo que hacemos es que dejamos a las tres juntitas en una sola sílaba. En estos casos, si hay acento, debe ser colocado sobre la vocal fuerte en cada caso. Veamos varios ejemplos: (1) aviáis; (2) expiáis; (3) asociéis; (4) amortiguáis; (5) atestiguáis; (6) averiguáis; (7) amortigüéis; … Ejercicio de práctica: Separe los triptongos anteriores en sílabas con un guion. A-viáis; expiáis; ex-piáis;

El hiato es el encuentro de dos vocales que no forman diptongo y que, por lo tanto, pertenecen a dos sílabas distintas. Una regla dice que cuando hay dos vocales en hiato, se pone el acento o no se pone, según las reglas generales que estudiaremos más adelante. Ejemplos: peón, poeta, teatro, poético, etc.

Otra regla dice que si la vocal tónica en hiato es una "i" o una "u", siempre llevará tilde (acento). Ejemplos: vacío, hacía, día, baúl, ataúd, raíz, maíz, continúo, María, freír, veníamos, capicúa, ganarías, garúa, ferretería, (y casi todo lo que termine en ia, siempre y cuando lleve la fuerza en la "i"), guías, guíame; Por otro lado: vacío, frío, lío (de problemas o de paquetes de ropa, no del verbo liar. "Lio el cigarrillo", quiere decir que lo envolvió), y así sucesivamente.

Recordemos que por regla general, los diptongos no se acentúan. No se coloca tilde en diptongos de monosílabos verbales: dio, fui, fue, vio, etc. ¿Qué hacemos cuando nos confrontamos con números?

La Escritura Numérica

Los números también tienen sus nombres (o más correctamente es decir) tienen sus pronombres. Por regla general, a los estudiantes de secretarial en la universidad se les enseña a escribir con letras (por sus nombres) los números del uno al diez cuando se redacta cualquier composición. Los números del 11 en adelante deberían ser escritos con su número literal, que significa por su cifra o por su signo gráfico, como: (11, 20, 3,000, etcétera). Es una práctica que no siempre hay que seguir porque hay muchos casos que rompen esa regla. Cuando escribimos un cheche, por ejemplo, la cantidad se escribe por la que sea (Ejemplos, $20.00; $50.15; y luego se escribe en palabras la cantidad "Veinte y 00/100"; "Cincuenta y 15/100", etcétera).

Es una buena práctica, sin embargo, que nos acostumbremos a seguir la regla profesional en nuestras redacciones. Por ejemplo, si estoy escribiendo un párrafo incluido en cualquier proyecto en español, debería escribir algo así: "Estoy estudiando cuatro clases, a saber: inglés, español, álgebra y religión". (¿Observó cómo escribí "cuatro" y no "4"?). Esto aplica a cualquiera de los números del uno al diez. Por otro lado, si son números más altos, solo debemos escribir el número literal: "Ya terminé 15 clases"; "Necesito 20 clases más para poder graduarme"; etcétera.

Los números no son otra cosa que los conceptos matemáticos que expresan la cantidad de los elementos envueltos o el lugar que ocupan en una serie. Se conocen muchos diferentes clases de números en todas las áreas del saber humano. Si estudia Estadísticas, aprenderá de números perfectos, redondos, índices, promedio, etcétera. Si estudia Ciencia Física aprenderá de números atómicos. Si estudia Astronomía, aprenderá de números áureos y así sucesivamente, de acuerdo con la rama del saber que emprenda. Para nuestros efectos, por el momento, deberíamos dominar el uso correcto de los números cardinales, los ordinales, los fraccionarios y los multiplicativos, donde apliquen. ¿Cuál es la diferencia? Los cardinales forman una cantidad exacta (quiero ocho), (quiero echarte 998 bendiciones), etcétera. Los ordinales informan del orden de colocación (Me gusta la quinta en la fila). Los fraccionarios y los multiplicativos informan de particiones de una unidad o de múltiplos (quiero una cuarta parte), (me toca la misma mitad), (tres cuartas partes para mí y el resto para todos ustedes), (Si no te ganas por lo menos el doble, nunca te conformas), etcétera.

Acentuación Correcta de las Palabras

Cuando escuchamos a alguien hablar, podemos prestarle atención a la manera cómo la persona pronuncia las palabras. El hablante puede pronunciar las palabras urbanamente o las puede pronunciar incorrectamente, dependiendo de muchos factores, entre ellos: de su nivel educativo, si está nervioso(a), del propósito con el cual habla, etcétera. El acento prosódico que escuchamos no siempre concuerda con lo que la persona escribe, si lo pronuncia o si lo escribe erróneamente. Por eso podemos percatarnos, como ya mencioné, del nivel educativo que tiene la persona cuando escribe algo y del propósito por el cual escribe.

Me da mucha pena cada vez que veo palabras mal escritas en los anuncios que hacen muchas iglesias hispanas. Si visito una iglesia que proyecta las alabanzas de adoración para que el que no sabe la letra pueda ver lo que se canta, y las palabras están mal escritas, pienso que comienzo a perder "la comunión", como decimos muchos hispanoamericanos. A muchos no les molesta porque no saben si las palabras están bien o mal escritas. Estos, sin embargo, son víctimas de las circunstancias porque se aprenden las palabras incorrectamente. Pero ahora, no hay excusas. ¿Cómo podemos aprender a escribir con propiedad?

La Real Academia Española ha establecido unas reglas básicas, que según me he dado cuenta, en el año 2010 hicieron varios cambios ortográficos para adaptarse al nuevo ambiente social en el cual vivimos. Así, por ejemplos, la palabra «solo» antes había que escribirse con tilde cuando equivalía a «solamente». La letra «o» también debía ser acentuada cuando estaba en medio de dos números (1 ó 3), (52 ó 26). Asombrosamente, ya no hay que ponerles la tilde o el acento ortográfico porque la Real Academia Española lo decidió así en el 2010 (rae, 2012). Casi todas las demás reglas de acentuación han permanecido iguales por muchísimos años. Ahora, por fin, las vamos aprender con la ayuda del Señor Todopoderoso. Amén.

No puedo sobre-enfatizar que para poder entender cuándo y dónde añadir una tilde, primeramente debemos asegurarnos que sabemos cómo dividir las palabras en sílabas correctamente[6]. Las reglas de acentuación están basadas, entre otras cosas, en el lugar donde se pone la fuerza de pronunciación en la palabra. Me he dado cuenta que muchos estudiantes tienen problemas en aprender a acentuar las palabras porque no pueden visualizar dónde es que la palabra lleva la fuerza en la pronunciación. En realidad, es fácil. Solamente debemos prestar atención. La palabra «palabra», por ejemplo, tiene la fuerza en el centro, pa**la**bra. La palabra «rincón» tiene la fuerza al final de la palabra, rin**cón**. La palabra «pálido» tiene la fuerza al principio de la palabra, **pá**lido. En gramática, se distinguen generalmente los lugares – de derecha a izquierda – como: última sílaba, penúltima sílaba, y la antepenúltima sílaba. Comenzaremos con la regla para las palabras que son agudas.

Las palabras **agudas** (oxítonas) son las palabras que llevan la fuerza de pronunciación (la acentuación fonética – que es la fuerza del sonido que se escucha) en la última sílaba (la sílaba que vemos al final de la palabra, o el extremo derecho). Si cualifica como aguda, se acentúan las que terminan en consonantes n, s, o en cualquiera de

---

[6] Se puede tomar notas de la práctica de división silábica en cualquier salón apropiado.

las vocales a, e, i, o, u. Entendemos, además, que si tienen la fuerza fonética en la última sílaba, pero no termina en una vocal, ni en «n», ni en «s», entonces, no se acentúan en la última sílaba. Algunos ejemplos son: amor, pasión, mamá, camión, verdad, batey, Ortiz, Jehová, Guzmán… Continuaremos con las palabras llanas o graves, que son, quizás en cierto sentido, lo opuesto a las agudas.

Las palabras **llanas** (graves o paroxítonas) son las palabras que llevan la fuerza de pronunciación en la penúltima sílaba y se acentúan las que terminan en consonantes que no sean n, s, o en vocal. Si no terminan en n, en s o en una de las vocales, pero todavía la fuerza está en la penúltima sílaba, entonces se acentúan o se le coloca una tilde en la penúltima sílaba. Algunos ejemplos son: Pérez, útil, árbol, fácil, lápiz, primero, cartas, tesis, examen,…, Continuaremos con las palabras esdrújulas y las sobresdrújulas.

Las palabras **esdrújulas** (proparoxítonas) son aquellas palabras que llevan la fuerza de pronunciación en la antepenúltima sílaba y siempre se acentúan ortográficamente. Algunos ejemplos son: médico, orquídea, aéreo, propósito, víveres, meteorólogo, área, aconséjeme, héroe,…

Las palabras **sobresdrújulas (súper-proparoxítonas)** son palabras que llevan la fuerza de pronunciación en cualquier sílaba después de la antepenúltima sílaba – recuerde que es contando de derecha a izquierda – y siempre se acentúan. Algunos ejemplos son: cuéntamelo, mordiéndoselo, devuélvamelo, diciéndoselo,…, Continuemos con la presentación de algunas que "rompen las reglas[7]".

---

[7] No es que rompen las reglas porque las reglas no se rompen. Lo que significa es que no siguen el patrón de las reglas generales porque son excepciones a las reglas.

Palabras y Frases que "Rompen Las Reglas" de Acentuación

En español, existen algunas palabras y frases que no siguen las reglas tradicionales de acentuación. Estas, se dice que son casos específicos que "rompen las reglas" y es por causa del uso y de la costumbre que se han tomado estas medidas. En realidad, no son muchas y podemos aprenderlas fácilmente, si practicamos lo suficiente. A continuación les presento algunas de las que sobresalen.

¡Algunos monosílabos se acentúan! Aprendimos en nuestras definiciones que, por regla general, los monosílabos no necesitan tilde. Sin embargo, algunos monosílabos sí se acentúan. Veamos algunos de ellos.

Veamos el ejemplo de (**té, te**). Me gusta tomar **té** durante el día («té» se refiere a la bebida de la hoja de un árbol medicinal). El té que **te** tomaste, parece que **te** hizo mucho bien (el segundo y el tercer «te» de la oración anterior es la forma átona del pronombre personal de 2da persona del singular y no llevan tilde).

Otro ejemplo es el uso distinto de (él y el). ¡Vete y díselo a él! (aquí «él» se refiere a una persona. Es la forma tónica de la tercera persona del singular). ¡Te dije que me trajeras **el** libro! (en esta última oración, «el» se refiere al artículo determinado que se antepuso al nombre «libro» para indicar su género y su número. Cada vez que veamos los artículos **el, la, los, las,** ya sabemos que solamente son artículos que no necesitan tilde, además de que son monosílabos y sabemos que los monosílabos, por regla general, no se acentúan).

Otro ejemplo es el uso distinto de (**sí y si**). ¡**Sí**, te amo! (Cuando es para responder afirmativamente a una pregunta, sí se acentúa). Para que todo le salga bien, él debe estar seguro de **sí** mismo. (Cuando es para referirse a la tercera persona y/o está precedido por una de las proposiciones, sí se acentúa. Ejemplos: Las leyes en sí no deben ser malas. Se ama a sí mismo. Lo guardó para sí). Por otro lado, si se trata de una condición o de una nota musical, no lleva tilde. Veamos estos ejemplos: **Si** no vienen a clase, no podrán sacar "A". «Si», no lleva tilde porque presenta una condición, es un monosílabo. También lo vemos en las notas musicales do, re, mi, fa, so, la, si.

Otro ejemplo es el uso de (**sé y se**). Solo sé que no se puede hacer así. (El primer sé implica conocimiento, del verbo Saber y lleva tilde. En los demás casos, como cuando se usa para construir una oración pasiva como "Se vende este automóvil", etcétera, no necesita tilde porque es un monosílabo).

Otro ejemplo es el uso de (**dé y de**). Cuando se trata del verbo "Dar", se escribe con acento. Cuando se trata de una preposición, se escribe sin acento. Observe la diferencia entre ellos en la siguiente oración: "Si quiere compartir, dé más y más de lo que tiene".

También se afectan los (**mí y mi**) como excepciones a las reglas tradicionales de gramática. A **mí** me gusta alabar a Jesucristo. (Mí, se acentúa porque es el pronombre personal de primera persona en singular[8]); ¡A mí! (pido socorro para mí); A mí qué. (Aquí expreso que no me importa algo porque para mí es trivial o sin importancia); Mi. (Cuando se refiere a la nota musical, no se acentúa); Mi. (Cuando

---

[8] Si se trata del pronombre personal de segunda persona en singular, el pronombre no se acentúa. Por ejemplo: "A ti te pasa lo mismo que a mí". Note la diferencia entre "mí" y "ti". "Mí" es el pronombre personal de la primera persona en singular mientras que "ti" es el pronombre personal de la segunda persona en singular y eso hace la diferencia.

se refiere a algo poseído por la primera persona: Este es **mi** libro, tampoco se acentúa).

Otros monosílabos que no siguen las reglas generales son: **(más y «mas»)** Más (cuando equivale a cantidad). «Mas» (cuando equivale a pero). Ejemplos: El domingo se unieron cinco miembros más a la iglesia. Traté de entenderlo, mas no pude.

Los **(aún, aun)** Aún, cuando equivale a todavía. Aun cuando equivale a incluso (proveo ejemplos más adelante, en la sección de las palabras homófonas).

También están en juego los **(tú y «tu»)**. Más tiemblan los demonios que tú (forma tónica de la segunda persona). Esta es **tu** Biblia. (Adjetivo posesivo de la segunda persona).

Quizás esta no sea una regla establecida, pero me ha ayudado muchísimo: Cuando me encuentro con una vocal débil al lado de una vocal fuerte, pero la débil es la que lleva la fuerza, la ayudo con el acento. Ejemplos: increíble, mío, huía, día, río, baúl, Raúl, capicúa, bohío,...

Los **(qué, que)**. Se usa con acento cuando pregunta o admira: ¿Qué quieres? ¡Qué inteligente eres! Se usa sin acento en todos los demás casos: Te dije que leyeras la Biblia. Quiero que pregunten, si no entienden.

Los **(quién, quien)**. Se usa con acento cuando pregunta: ¿Quién quiere ser el primero? Se usa quien en los demás casos: El hermano a quien promovieron a ministro, ya está pastoreando.

Los **(cómo, como)**. Se usa con acento cuando pregunta directa o indirectamente: ¿Cómo te llamas? Pregúntale cómo se llama. Se usa como en los demás casos: Así como canta, grita.

Los **(dónde, donde)**. Se usa con acento cuando pregunta directa o indirectamente: ¿Dónde vives? ¡Dime dónde vives! Se usa donde en los demás casos: Iré a donde me envíes.

Otras palabras o frases que rompen las reglas generales son los conocidos enclíticos. Un **enclítico** es un pronombre que se liga con un vocablo precedente, formando en él una sola palabra (pronombres que se añaden a los verbos). Tomemos por ejemplos los siguientes verbos para formar enclíticos con ellos: acercar, llevar, dar, avisar, suicidar, escribir, ver, mirar, rogar, comprar, morir, reír, y otros muchísimos más. Por ejemplos: acercóse; llevóme; dióme, suicidóse; y así por el estilo. Recuerde, cuando se trata de este tipo de palabras, no las trate como llana, agudas, ni esdrújulas porque no se siguen las reglas generales en estos casos. Muchas de nuestras Biblias contienen palabras parecidas. Vea, por ejemplo, en 1 Tesalonicenses 5:19 leemos, "No apaguéis al Espíritu". Un enclítico para "Se apagó el Espíritu" puede escribirse, "apagóse el Espíritu". No se puede seguir la regla porque las llanas terminadas en vocal no se acentúan.

Otras palabras que se apartan de las reglas generales (además de las palabras compuestas que veremos adelante) también se incluyen las terminadas en "mente". La regla es que si la palabra terminada en "mente" originalmente se acentuaba, todavía debe preservar el acento al añadírsele el sufijo "mente". Por otro lado, si la palabra original no se acentúa, conforme a las reglas, entonces, tampoco deberá ser acentuada al añadirle "mente". Ejemplos: fácil, fácilmente; hábil, hábilmente; debido, debidamente; reflexivo, reflexivamente; etcétera.

Acentuación de las Palabras Compuestas

En esta sección aprendemos cómo escribir correctamente los diferentes casos de palabras compuestas que utilizamos en español. Hay veces cuando ninguna de las palabras lleva acento, a otras hay que añadírselo; A veces el primer elemento pierde el acento; veremos cómo afecta el uso del guion a los acentos cuando se trate de palabras compuestas.

En el primer caso, debemos acentuar solo el último elemento cuando este se acentuaba al estar solo: contra + órdenes = contraórdenes; sobre + esdrújula = sobresdrújula; semi + círculo = semicírculo; medio + día = mediodía;

En el segundo caso es cuando el primer elemento debe perder el acento, si lo tenía: décimo + séptimo = decimoséptimo; décimo + quinto = decimoquinto; súper + mercado = supermercado; súper + abundancia = superabundancia; súper + dotado = superdotado;

En el tercer caso, ningún elemento lleva acento: agrio + dulce = agridulce; claro + obscuro = claroscuro; medio + ambiental = medioambiental; claro + vidente = clarividente;

En el cuarto caso, están las palabras terminadas en "mente". Se acentúan solamente aquellas palabras que originalmente se acentuaban antes de la combinación: hábil + mente = hábilmente; paulatino + mente = paulatinamente; sólida + mente = sólidamente;

Otro caso es cuando se separan las palabras por un guion. Cuando se separan las palabras por un guion, si ambos términos se acentuaban estando separados, ninguno pierde el acento al escribirse con el guion: teórico-práctico; histórico-crítico; físico-químico; histórico-práctico; cómico-trágico; prolífico-político; súper-paroxítonas;

Cuando se separan las palabras por un guion, si uno de los dos elementos se acentúa estando solo, este no pierde el acento por el uso del guion: ruso-francés; gallego-catalán; político-partidista; político-religioso; científico-social; hispano-francés;

Cuando se separan las palabras por un guion, pero ninguno de los dos términos se acentuaban estando solos, al separarlos por un guion, tampoco se deben acentuar: hispano-argentino; socio-laborar; franco-hispano; medio-americano; medio-mexicano; medio-mejicano; medio-loca; medio-molesta; medio-dormida.

Las palabras compuestas con prefijos siguen las reglas generales de acentuación: des + echar = desechar; mal + estar = malestar; nos + otros = nosotros; vos + otros = vosotros; des + amparo = desamparo.

Mayúsculas y Minúsculas

Mayúsculo significa algo mayor. Por ejemplo, decir un disparate mayúsculo es decir un disparate capital porque es bien grande. Las letras mayúsculas son: A, B, C, D, E, F, G, H, I, J, K, L, M, N, Ñ, O, P, Q, R, S, T, U, V, W, X, Y, Z. Debemos utilizar cualquiera de esas letras que necesitemos para aplicarlas a las diferentes reglas de mayúsculas. Veamos algunas de las más sobresalientes, o de las más usadas.

La primera letra de la primera palabra de una oración, debe escribirse en mayúscula (como en este caso, la letra "L").

Después de un signo de interrogación en la redacción cuando esta no completa la frase, debe haber mayúscula. Así por ejemplos: ¿Quién vive? ¡Jesucristo es el que vive!; ¿Quién vive? ¡Él es el que vive!; ¿Quién vive? Mi Dios es el que vive; etcétera.

Después de un signo de admiración en la redacción cuando esta no completa la frase, debe haber mayúscula. Así por ejemplos: ¡Qué tonto eres! No te das cuenta que ella te quiere mucho; ¡Dios mío! La gente no se da cuenta cuánto Él les ama. ¡Dios mío, la gente no se da cuenta cuánto Él les ama! Y todavía hay muchos que no le buscan; etcétera.

Por regla general, todos los nombres propios deben escribirse con letra mayúscula al comenzar a escribir el nombre. Por ejemplos:

Miguel de Cervantes; Colombia; Juan; Demetrio; El Cairo; Pacífico (cuando se refiere al Océano Pacífico o a cualquier otro nombre que se llame Pacífico); etcétera.

Se deben escribir con letra mayúscula los nombres que expresan atributos divinos, títulos, dignidades o apodos. Por ejemplos: Cristo es nuestro Redentor; El Redentor murió en la cruz; Santo; Monseñor; Su Majestad el Rey D. Juan Carlos; Pedro el Cruel; Castilla la Vieja; Alfonzo el Sabio; José, al que le dicen "Chegüi"; etcétera.

Se deben escribir con letra mayúscula los tratamientos, los atributos de Dios y las abreviaturas. Así por ejemplos: Salvador, Creador, Redentor, Todopoderoso; Sr. D. (Señor, Don); Ud.; etcétera.

Los nombres de las instituciones y ciertos nombres colectivos: Casa de Contribución; Archivo de Indios; Museo del Prado; La Taberna India; La Iglesia de Dios Incorporada; La Iglesia y el Estado; La Primera Asamblea de Dios de Raleigh; etcétera.

Los sustantivos y los adjetivos que forman parte del título de una obra artística, publicación, establecimiento comercial, nombre de sociedades, etcétera: Las Hilanderas; Diario de Noticias; Posada de la Sangre; Organización de las Naciones Unidas; etcétera.

La primera palabra o título de un libro, obra teatral, o cinematografía, artículo, etcétera, que no contengan nombres propios: A secreto agravio, secreto venganza; Los ríos profundos; La vida inútil de Pito Pérez. Sin embargo, se pondrá también mayúscula en las demás palabras, cuando el título del libro exprese la materia de que se trata: Enciclopedia Metódica; Español Básico; etcétera.

Después de los dos puntos del encabezamiento de una carta. Estimada compañera: De acuerdo con lo que hablamos...; Querido amigo: Recibí tu carta...; Cuando se citan palabras textuales. Dice el refrán: "Haz bien, y no mires a quién"; César exclamó: "Llegué, vi y vencí"; La Biblia dice: "Dios es amor"; etcétera.

Cuando se escriben los números romanos, como: M, C, V1; X; Juan XX111, Luis X1V; etcétera.

Los vocablos mayúsculos deben llevar el acento gráfico: Érase una vez...;

En las letras dobles ch y ll, solamente irá en mayúscula el primer elemento de las mismas (Chile, Chocano, Llobregat, Chorrera, Llaguno; etcétera).

No debe usarse mayúscula en los nombres de los días: domingo, lunes, martes, miércoles, jueves, viernes, sábado, a menos que estos comiencen la fecha o la oración.

No debe usarse mayúscula en los meses del año: enero, febrero, marzo, abril, mayo, junio, julio, agosto, septiembre, octubre, noviembre, diciembre, a no ser que comiencen la oración.

No debe usarse mayúscula en las estaciones del año: invierno, verano, primavera, otoño (aunque en otros idiomas, como en inglés, se escriban en mayúscula), a no ser que comiencen la oración.

No debe usarse mayúscula cuando decimos de qué procedencia es alguien o de dónde somos: puertorriqueños, americanos, franceses, colombianos, mexicanos (o mejicanos), hondureños, panameños, salvadoreños, etcétera.

Una regla de los reporteros y otros redactores (como se puede notar si leemos muchos artículos bien escritos en español) es que cuando no se menciona el nombre, el título va con mayúscula (ejemplo: El Presidente del Banco Carnívoro se convirtió a Cristo). Si se menciona el nombre, el título lo dejan en minúscula (ejemplo: El presidente del Banco Carnívoro, José L. Rodríguez, ahora es cristiano).

Un poema, o lo que se escribe en forma parecida – un piropo o un flamenco – generalmente comienzan con mayúscula en la primera palabra de la primera línea, pero las demás líneas que se escriben debajo para completar la oración las dejan en minúscula hasta que se termina la oración. La próxima oración comienza con mayúscula otra vez. Y así sucesivamente, hasta que se termina el piropo o la inspiración que sea.

Existen otras reglas que no las sé, o no recuerdo, pero por lo menos le presenté muchas de las más usadas. Espero que le hayan sido de grande ayuda y bendición. A continuación, presento muchos de los que se conocen como signos de puntuación.

Signos de Puntuación

Puntuar significa poner en la escritura los signos ortográficos necesarios para distinguir el valor prosódico (la pronunciación correcta) de las palabras y para distinguir el sentido de las oraciones y de cada uno de sus miembros. Los llamados "signos de puntuación" incluyen: el punto, la coma, punto y coma, dos puntos, los tres puntos suspensivos, el paréntesis, las comillas, y los corchetes, entre otros. Veamos algunos de ellos.

El Punto. El punto (**.**) es el signo ortográfico con que se indica el fin del sentido gramatical y lógico de un período o de una sola oración. Se pone también después de una abreviatura. Por ejemplos: Sr. Sra. Dr. Es fácil darse cuenta cuando el que está leyendo no entiende el valor del punto al final de cada oración. Esto, porque prosigue leyendo sin detenerse uniendo las oraciones como si no hubieran terminado. ¡Qué error! El maestro le dice al estudiante: "Te comiste los puntos".

La Coma. En el arte de la escritura, la coma (**,**) es el signo ortográfico que se usa para indicar la división de las frases o miembros más cortos de la oración o del período (o sea, para separar los elementos en una serie), y que también se emplea en aritmética para separar los enteros de las fracciones decimales. Por ejemplo: Dios nos ordena que oremos, que leamos la Palabra, y que visitemos a los enfermos, entre otras muchas cosas más. La coma también se usa para encerrar incisos o aclaraciones. Por ejemplo: Llegaron todos los hermanos, que bueno, ahora podemos comenzar el culto.

La coma también se usa para señalar omisiones antes de la palabra "pero" o "mas" cuando este «mas» equivale a «pero». Por ejemplo: Traté de sufrirlo, pero no pude. La coma también se puede usar libremente, a discreción del autor, cuando los elementos de la oración se pueden intercambiar sin quitar el sentido. Por ejemplo: Sabemos que amamos a Dios si guardamos sus mandamientos. Si guardamos sus mandamientos, sabemos que amamos a Dios. Los siguientes tres ejemplos también están correctos cuando debemos usar coma, o no usar coma, cuando usemos la "y" en la oración: (1) Actualmente, y según mi parecer, a muchos no les importa seguir las reglas del juego. (2) Pedro y Juan subían juntos a la oración. (3) Me dijo que me cuidara y, asumiendo que la escuché bien, me dijo que le escribiera.

Observe, además, que la coma nos da la flexibilidad de poder colocarla en diferentes lugares del vocativo, como en el siguiente ejemplo: Gracias te doy, Señor, en esta noche; Señor, te doy gracias en esta noche; Te doy gracias en esta noche, Señor.

Punto y coma. Punto y coma (;) es el signo ortográfico con que se indica una pausa mayor que en la coma, y menor que en los dos puntos. Por ejemplo: Dios nos ordena que oremos, que leamos la Palabra, y que visitemos a los enfermos; También nos ordena que asistamos a los cultos y que demos los diezmos, entre otras cosas que demandan nuestra fidelidad. Otro ejemplo puede ser: No quiero cambiar mi estatura, ni quiero alterar mi destino; Tan difícil como añadirle a mi altura, será perder mi camino.

Los tres puntos suspensivos (…) Los tres puntos suspensivos representan el signo ortográfico con que se denota quedar incompleto el sentido de la oración o cláusula de sentido cabal, para indicar temor o duda, o lo inesperado y extraño de lo que ha de expresarse después. En otras palabras, se usa para indicar que lo que se quiere decir queda inacabado, porque se le puede añadir más cosas. Ejemplo: Cuando te veo quiero llorar, soñar, reír… (Si alguna vez se ha enamorado, entiende esa última oración).

El paréntesis ( ) El paréntesis es el signo gráfico que se usa para intercalar otra idea o pensamiento dentro de una principal. El paréntesis interrumpe el hilo de pensamiento, o el mensaje, dentro de la oración. En otras palabras, cualquier frase que se intercale en un periodo con sentido independiente, es un paréntesis. Por ejemplos: "Cuando Cristo venga (si es que viene) se acabará todo el sufrimiento que hay en el mundo", dijo un Pastor incrédulo. Jesús dijo (no lo decimos nosotros) "Venid a mí todos los que estáis trabajados y cargados, y yo os haré descansar"[9].

El guion (-) El guion se puede usar para dividir en sílabas (El guion se pue-de u-sar pa-ra di-vi-dir en sí-la-bas). El guion se puede usar cuando una palabra no cabe al final del renglón. El guion se puede usar cuando hay oposición o contraste entre los elementos componentes: guerra franco-prusiana; tratado germano-soviético; comercio franco-español; convenio postal hispano-luso-americano; El guion se puede usar para separar palabras compuestas: político-partidista.

La diéresis (ü) La diéresis se coloca sobre la vocal u de los grupos constituidos por gu + e + i para indicar que la u debe pronunciarse, como en güiro, güito, Chegüi (en la computadora se consigue apretando la tecla Alt 129).

El corchete [ ] El corchete sirve para encerrar un conjunto de palabras o de números y también para separar los conjuntos que están entre paréntesis. [(5 + 4) * (8 + 2)].

Las comillas («» o "") Las comillas se colocan al principio y al final de las citas o para poner en relieve una palabra o una frase. Por ejemplo: Jesús le dijo a Tomás, "Porque me has visto, Tomás, creíste; bienaventurados los que no vieron, y creyeron"[10].

Los dos puntos (:) Este es el signo ortográfico con que se indica haber terminado completamente el sentido gramatical, pero no el sentido lógico. Se pone también antes de toda cita de palabras ajenas intercaladas en el texto. Por ejemplos: (1) Estas son las cosas que quiero hacer: escribir otro libro en inglés, uno en español, publicar

---

[9] Mateo 11:28
[10] Juan 20:29

mis canciones y poemas, y escribir la segunda parte de lo que enseña mi vida; (2) Los dedos de la mano son: meñique, anular (médico, anillo), corazón (cordial, el medio), índice y el pulgar (gordo); (3) Por lo menos de tres cocas muchos se equivocaron: los que decían que la Tierra era plana, los que decían que fue Jesús quien abolió la santidad del sábado, y los que decían que el Presidente no sería re-electo.

Sé que faltan muchísimos otros signos, como: la barra, el asterisco, las rayas de apertura y otros signos interesantes. Por lo menos le di algunas de las reglas. Ahora sabe dónde ir y qué practicar por su propia cuenta para que se haga experto y pueda hacer excelentes presentaciones también. Permítame presentarle el mejor resumen que encontré a cerca de las preposiciones.

Las Preposiciones

Según el diccionario, la preposición es la parte invariable **de** la oración cuyo oficio es denotar el régimen o la relación que **entre** sí tienen dos palabras o términos **a** los que sirven **de** nexo. (En la oración anterior las preposiciones aparecen ennegrecidas) La última lista que consulté contenía 21 preposiciones. A saber: **a, ante, bajo, con, contra, de, desde, durante, en, entre, hacia, hasta, mediante, para, por, pro, según, sin, sobre, tras, vía**. En algunos lugares de habla hispana todavía aceptan el uso de la preposición "cabe", cuando significa "junto a" "so". Se está proponiendo la adición de palabras como: **allende** (al otro lado de, más allá de, ejemplo "Allende de ser famoso, es inteligente"); aquende (a este lado de); extra; **excepto;** salvo; **incluso;** más y menos; arriba, abajo, entre otras. Las preposiciones tienen nombre femenino (no decimos "los preposiciones" sino "las preposiciones"). Las preposiciones no se pueden usar solas. Siempre se colocan en el medio de dos palabras (sean nombres o artículos, o unidas a un artículo), pero nunca se usan solas. Podemos también catalogar aquellas palabras que signifiquen lo mismo que las proposiciones como que son proposiciones. Algunas de ellas son: intramuros, subsuelo, subterráneo, etcétera. Esto es así ya que "intra" es el prefijo que significa "dentro de, en el interior de" así como "sub" es el prefijo que significa "bajo o debajo de" y estas son preposiciones.

Ejercicio de práctica. Hagamos una oración con cada una de las preposiciones o candidatas a preposiciones. Aquí tiene algunas ya hechas.

A. El que no ama, no conoce **a** Dios porque Dios es amor.

Ante. Pedro predicó **ante** el Sanedrín.

Bajo. La luz no se debe poner **bajo** la mesa.

Con. Con el sudor de tu rostro comerás el pan (Génesis 3:19)

Contra. El amor lucha **contra** el odio.

De. El Espíritu de Dios se movía sobre la faz **de** las aguas.

Desde. Desde que estás conmigo, este mundo es diferente.

Durante. Durante la Gran Tribulación no habrá paz en la tierra.

En. En el principio creó Dios los cielos y la tierra.

Entre. Como el lirio **entre** los espinos, así es mi Amado entre los lirios del campo.

Hacia.

Hasta

Mediante

Para

Por

Según

Pro

Sin

Sobre

Tras

Vía

Allende

Excepto

Incluso

Bueno, por lo menos le di algunas. Si se las doy todas, rompo las reglas de la enseñanza. Como le dije anteriormente, soy un facilitador solamente. Ahora sabe dónde ir y qué practicar para que se haga experto y escriba sus presentaciones con confiabilidad.

Otras Funciones de las Palabras

Un curso completo de español contiene, como cualquier otro curso donde se estudia un idioma, todo lo que tiene que ver con cada componente (cada letra y palabra) en la oración gramatical. Por eso es necesario que confrontemos, aunque sea brevemente, con una explicación de dichos componentes.

La oración. ¿Qué es lo que se considera una oración? Una oración puede ser un grupo **de palabras** que expresen un pensamiento completo. También se acepta como oración un grupo **de letras** que expresen un pensamiento completo. Si no se expresa un pensamiento completo, en las letras ni en las palabras, entonces lo que tenemos es solamente una frase. Por ejemplos: Ana es; Mi hermana Ana es; En el principio; bolígrafo rojo; Biblia; etcétera. Pero si hay un fuego y alguien grita ¡Fuego! ¿Estará eso expresando un pensamiento completo? ¡Claro que sí! Entendemos que se dice, entre otras cosas: ¡El edificio se está quemando!; ¡Sal corriendo, si no te quieres quemar! Etcétera. ¿Qué entendemos, si alguien llega y dice: ¡Hola!; ¡Buenos Días!; ¡Adiós!; ¡Éxito!; ¡Amén!? ¡Por eso, **cada una** de esas expresiones, solitas, **se considera** una oración completa! Dentro de las oraciones que contienen dos o más palabras ¿Cómo se llama cada palabra?

El Sujeto. El sujeto es la parte de la oración que indica de quién se habla. Si tenemos dificultades distinguiendo de quién se habla, lo único que tenemos que hacer es preguntar a cerca de lo que se dice en la oración. Busque en la oración el verbo que indica la acción y pregúntese ¿Quién o quiénes? Ejemplos: (1) "El Pastor predica todos los domingos" ¿Quién predica todos los domingos? El Pastor. Por lo tanto, el Pastor es el sujeto; (2) "Pablo y Silas fueron encarcelados". ¿Quiénes fueron encarcelados? Pablo y Silas. Por lo tanto, Pablo y Silas son el sujeto; "Jesús lloró" ¿Quién lloró? Jesús. Por lo tanto, Jesús es el sujeto; (3) El sujeto no siempre se encuentra al principio de la oración. Puede ser que el sujeto se encuentre en el centro o al final de la oración. ¿Dónde se encuentra el sujeto en Génesis 1:1? ¿Cuál es el sujeto? ¿Dónde se encuentra el sujeto en el Salmo 42:1? ¿Cuál es el sujeto?; (4) Las palabras que son sujetos omitidos o desinenciales se conocen como pronombres personales (yo, tú, él, ella, etcétera). Ejemplos: Salmo 42: 4 "Me acuerdo de estas cosas, y derramo mi alma dentro de mí" ¿Quién es el que dice que se acuerda? Yo, me acuerdo yo. Por lo tanto, el sujeto está omitido, que es «yo». ¿Cuál es el sujeto en: Saltaremos de alegría; Predicarás la Palabra; Te alegrarás; El sábado vinieron a la iglesia?

El predicado. El predicado es la parte que se relaciona con lo que se dice del sujeto. Ejemplos: (1) El Pastor predica todos los domingos. El predicado es "predica todos los domingos"; (2) Pablo y Silas fueron encarcelados ¿Cuál es el predicado?).

Lea en la lista de las definiciones básicas el significado de las palabras: **nombre, pronombre, adjetivo, verbo, adverbio, preposición, conjunción y el artículo.** ¡Felicitaciones! Ya tiene y entiende el vocabulario básico de español. En realidad, uno nunca deja de aprender y la práctica es la que nos perfecciona. Por ejemplo, si escogemos a Génesis 1:1 "En el principio creó Dios los cielos y la tierra". «**En**» es una preposición; «**el**» es un artículo; «**principio**» es un nombre; «**creó**» es un verbo; «**Dios**» es un nombre; «**los**» es un artículo; «**cielos**» es un nombre; «**y**» es una conjunción; «**la**» artículo; «**tierra**» es un nombre. Naturalmente, como ya somos casi expertos en español, también podemos reconocer en Génesis 1:1 que las palabras: en, el, Dios, los, y, la, son monosílabos, que no se acentúan. También podríamos decir que es una oración declarativa, según los ejemplos que veremos en nuestra próxima cláusula. Según las preposiciones se pueden memorizar porque no son muchas, también podemos memorizar las conjunciones o candidatas a **conjunciones** porque las que más se usan en español son: pero, porque, como, que, aunque, si, pues, y, ni, conque, cuando. Naturalmente, cada una de estas conjunciones tienen su propia definición, pero todas son conjunciones que es lo que este curso nos ayuda a saber. **Los adjetivos** son fáciles para reconocer porque ellos dicen cómo son los nombres, o los describen, o los califican, o los determinan. Si yo digo: "Me gusta el color amarillo". Amarillo es el adjetivo porque dice cuál es color que me gusta. Si decimos: "Todavía existen caminos pedregosos". Pedregosos es el adjetivo que dice cómo es que todavía están algunos caminos. Si seguimos estudiando el español llegaremos a ser celebérrimos hispanoparlantes. Celebérrimos es el adjetivo (que significa "muy alto", "justísimo") hispanoparlante. Hay que tener en cuenta que existen adjetivos numerales, como: dos minutos (dos es el adjetivo, minutos es el nombre); El hombre de doble animo (doble es el adjetivo, ánimo es el nombre abstracto); La hermana se observa medio contenta porque sonríe con frecuencia (medio es el adjetivo que describe cuán contenta se ve la hermana). Así como los adjetivos los usamos para modificar los sustantivos, **los adverbio**s los usamos para modificar al verbo, a un adjetivo o a otro adverbio. Te quiero mucho. Mucho es el adverbio que modifica al verbo "quiero", en este caso. Aprendo lento (lento dice cómo aprendo); aprendo bien lento ("bien" modifica al adverbio lento); Aprendo demasiado bien lento, etcétera. Como podemos notar, los adverbios son demasiado muchos. Se parecen a los adjetivos. Hay adverbios de lugar (aquí, delante, lejos); Hay adverbios **de tiempo** (hoy, mientras, nunca…, Te quiero **todavía**, Te querré **siempre**); Hay adverbios **de modo** (bien, despacio, fácilmente, te quiero **ridículamente**); Hay adverbios de cantidad o grado (bastante, mucho, muy) Hay adverbios de orden (Primeramente…) Está el adverbio de afirmación (sí); Está el adverbio de negación (no); Están los adverbios de duda (acaso);

Están los adverbios de suma (además, incluso); Están los adverbios de exclusión (exclusive, salvo, tampoco); Están los adverbios relativos (así, según, tal, entonces, ahora, tan, tanto, aquí, allí, etcétera; (La ciudad **donde** nací), (Iré **donde** tú vayas); Canta **peor** que yo; Aquí, así, ahora…todos esos son adverbios. Bueno, los adverbios son muchísimos, pero ya tiene la idea. (No se me frustre, ni tenga miedo, "que yo estoy[11] temblando"). No se conforme solamente con la idea, si quiere continuar con estudios avanzados en el idioma. Veamos, entonces, algunas de las diferentes tipos de oraciones.

Clases de oraciones. Con las oraciones expresamos, entre otras cosas: duda, admiración, deseos, y emociones. Con las oraciones declaramos o dejamos saber lo que estamos pensando. Por eso, se han clasificado las oraciones básicamente en: declarativas, interrogativas, imperativas, desiderativas y hasta en dubitativas, y en oraciones compuestas, entre otras. **Las declarativas** declaran algo: Cristo te ama, Satanás nos odia; **Las interrogativas** preguntan algo: ¿Quién es Cristo? O hacen una pregunta indirecta que no necesita signos de interrogación: Pregúntale al Pastor quién es Cristo; **Las admirativas** expresan admiración y emoción, entre otras cosas: ¡Qué feo es ese niño!, ¡Qué guapo es ese profesor!, ¡Qué fe grande tienes!, ¡Me duele mucho la cabeza!, ¡Qué muchos niños pobres hay en el mundo!; **Las imperativas** ordenan: Por favor, cierra la puerta. Estudia la lección otra vez. ¡Te dije que te calles! **Las desiderativas** expresan un deseo. Algunos maestros enseñan que son también imperativas porque ruegan o suplican y son también conocidas como optativas que expresan un deseo: ¡Ojalá hoy mismo fuera su venida! ¡Dios quiera y me saque la lotería!; **Las dubitativas** expresan duda sin preguntar: Posiblemente saque A en el examen; Quizás mañana duerma mejor; Tal vez…; A lo mejor…; También hay oraciones que se consideran **compuestas** porque contienen más de un sujeto o añaden información adicional. Por ejemplos las siguientes oraciones son compuestas: (1) A Pedro le gustaba hablar, pero Juan amaba más; (2) Tú lo sabes, pero yo no; (3) María era la madre de Jesús y José

---

[11] Disculpe esta perogrullada o pleonasmo.

era el padre; (4) Si tuviera dinero, compraría un automóvil o me iría de vacaciones; (5) Barriga llena, corazón contento; (6) El profesor siempre me sorprende, es decir, siempre aprendo algo nuevo, etc.

Bueno, por lo menos le di algunas. Si se las doy todas, rompo las reglas de la enseñanza. Como ya he mencionado varias veces, soy un facilitador solamente. Ahora sabe dónde ir y qué practicar para que se haga experto y pueda escribir letras que se puedan entender en sus propias presentaciones también.

Palabras Homófonas, Etcétera

Hay palabras que se pronuncian, o que suenan, muy parecidas, pero se escriben diferentes porque tienen significados distintos. También incluyo algunas que no son homófonas porque se pronuncian diferentes. He aquí algunas de ellas:

Abrasar / abrazar. Se escribe "abrasar" cuando el fuego quema o destruye algo. Se escribe "abrazar" cuando se refiere a ceñir con los brazos.

A Dios / adiós La primera utiliza la preposición "A" seguida del nombre propio "Dios", que es un monosílabo. (A Dios sea la Gloria). En la segunda se utiliza la palabra aguda "adiós" como expresión de despedida. (Ella se despidió diciéndome: "Adiós y buena suerte").

Ante / antes Estamos ante la vista de Dios ("ante" es una preposición). Antes de morirte, arrepiéntete ("antes" es un adverbio de tiempo).

Amen / amén. Amen, cuando tiene la fuerza de pronunciación en la A, es sin acento. Amen es un sufijo que aparece casi siempre en sustantivos tomados del latín: dictamen, gravamen, examen, certamen; Por otro lado, "Amén" (con acento), es una palabra aguda, que significa "así sea", cuando es usado al final de una oración. Amén se usa también como sustantivo masculino: "El amén de Dios".

Amén expresa un vivo deseo de que tenga efecto lo que se dice; o también manifiesta aquiescencia a cuanto se dice.[12]

Asenso / ascenso "Asenso" indica asentir, dar crédito, consentir. Un "ascenso", por otro lado, es una promoción, una subida o una aquiescencia.

Aun / Aún. Se escribe "aun" cuando equivale a "ni tan siquiera", o "ni siquiera". Ejemplo: Ni aun Jesús sabía todo mientras estaba en la Tierra. Por otro lado, "aún" lo usamos cuando podemos substituirlo por "hasta" o por "todavía". Ejemplo: Aún el mismo Señor sufrió el martirio.

Casa / caza "casa" se refiere al hogar o al edificio donde uno habita. También se refiere al acto del matrimonio, o a unir una cosa con la otra. Ejemplos: Iré a tu casa mañana. Cuando alguien se casa deja de estar soltero. Por otro lado, "caza" se refiere al acto de perseguir animales para matarlos. Ejemplo: A Juan le gusta ir de caza durante el verano.

Callado / cayado. "callado" indica que permanece en silencio. "cayado" es un bastón grueso con el extremo curvado: el cayado del pastor

Cerebro / celebro Observe la diferencia entre ambos términos: El cerebro está dentro de nuestra cabeza; ¡Celebro que hayas ganado!

César / cesar. "César" es un nombre propio y una palabra llana. Por ejemplo: Mi hermano se llama César. "Cesar" es el verbo que indica dejar de hacer y es una palabra aguda. Por ejemplo: No puedo cesar de alabarte. No, no puedo cesar de alabarte, Dios.

Ciervo / siervo Un ciervo es un animal; un siervo es un servidor o un esclavo.

Cortez / Cortés / cortés El pastor Cortez habla bien el idioma inglés; Hernán Cortés vino de España; El joven fue muy cortés cuando recogió los papeles que se le cayeron a una dama en la calle.

Coser / Cocer "Coser" es cuando se usa el hilo y la aguja para unir dos o más materiales. "Cocer" es usar agua hirviendo u otro líquido para que el alimento se ponga blando.

---

[12] Aquiescencia significa: asentir, dar crédito, asenso, consentimiento.

Excepción / acepción "Excepción" significa "persona o cosa que se aparta de una ley general" (Larousse, 2005). Por otro lado, "acepción de personas" significa que es la acción de favorecer a unas personas más que a otras.

Frio/frío El primero es del verbo "Freír" que se conjuga con "sonreír": Yo frio, tú fríes, nosotros freímos... El segundo es lo opuesto a caliente, cuando la temperatura es baja. Dos ejemplos son: Tengo frío. Por favor, sube el termostato. Los huevos yo los frio, luego espero que se enfríen y me los como fríos.

Hábito / habito "Hábito" es una palabra esdrújula. Indica la forma de conducta que se adquiere por la repetición de las mismas cosas. Por ejemplo: Es bueno cultivar el hábito de la investigación personal. Por otro lado, "habito" es una palabra llana y es la forma presente del verbo "habitar" (morar, vivir) del singular, en primera persona. Por ejemplo: Siento como que ha**bi**to en medio de lobos y de leones salvajes porque todos me quieren destruir.

Hacia / Asia. La palabra "hacia" indica dirección. Por ejemplo: Ella corrió hacia él. La palabra "Asia" es el nombre del continente. Por ejemplo: Asia compone una de las cinco partes principales del mundo.

Has / haz. "Has" es auxiliar de "haber sido". Ejemplo: "En lo poco has sido fiel..." (Lucas 19:17). "Haz" es del verbo "hacer". Por ejemplos: "Haz esto y vivirás" (Lucas 10:28); Haz de mí lo que quieras. También "haz" puede referirse a una porción de cosas atadas, como "un haz de madera", etcétera.

Hasta / asta. "Hasta" es una preposición que expresa el límite de una acción. Por ejemplo: Seguiré estudiando las reglas gramaticales hasta que domine bien el idioma. "Asta" es el palo donde se iza la bandera, también puede ser un cuerno. Ejemplo: El asta de la bandera quedó doblado después del paso del huracán.

Hay / Ay. El primero es del verbo "Haber", como en "Ciertamente no hay hombre justo en la tierra, que haga el bien y nunca peque" (Eclesiastés 7:20) "Hay vanidad que se hace sobre la tierra; que hay justos a quienes sucede como si hicieran obras de impíos, y hay impíos a quienes acontece como si hicieran obras de justos"

(Eclesiastés 8:14). El segundo expresa dolor o amenaza de castigo: "¡Ay, me duele!, ¡Ay de los que a lo malo dicen bueno, y a lo bueno malo…!" (Isaías 5:20)

Haya / halla / aya / allá. Haya puede ser un verbo (Espero que María haya aprobado el curso); Halla (que se refiere a encontrar. Ella halla siempre una solución. Halla la solución de este problema: 5 + 5 = ¿? Aya puede ser un nombre: La vieja Aya seguía cuidando a los niños en el parque. «Allá» es un adverbio relativo, como cuando cantamos, "Allá, en el Cielo, allá en el Cielo, allá en el Cielo, no habrá tristezas, ni más quebrantos, ni más dolor. Cantaremos, todos unidos, allá en el Cielo, alabanzas al Señor".

Hecho / echo. La palabra "hecho" es del verbo "hacer", o que significa demostrar algo. Por ejemplo: Hecho mucho de menos a mi hermano Héctor. "Echo", por otro lado, es del verbo "echar" que significa arrojar algo. Por ejemplo: Los papeles que no quiero, los echo a la basura. Observemos algunos cambios de los verbos haber, hacer y echar, como: **hecho, echo, has, haz;** Echas todo a perder; Se echa a reír…Por otro lado, algunos de los cambios del verbo haber en infinitivo indican lo que hay que hacerse: ¿Has hecho lo que te dije que hicieras? Has de amar a Dios sobre todas las cosas; He de estudiar para poder llegar a ser un escritor. La forma "haz" se usa como el cambio del verbo "hacer", como dando una orden: "Haz esto y vivirás", "Hazme sonreír".

Incesto / insecto. El incesto se refiere a las relaciones sexuales entre personas de la misma ascendencia y la ley les prohíbe tener tales relaciones. Un insecto, por otro lado, es un animalito de seis patas con los que se alimentan las aves.

Lección / lesión "lección" se refiere a una instrucción. "Lesión" se refiere a un daño o una herida. Observe el siguiente ejemplo: Se hizo una lesión en el pie por saltar tan alto y así aprendió una lección.

Marte / martes "Marte" es el planeta. Por otro lado, "martes" es uno de los días de la semana. El tercer día de la semana, el que está entre el lunes y el miércoles, es el martes.

¡Oh! / o. "¡Oh!" se usa para para expresar asombro, alegría o pena. ¡Oh! ¡Cuánto amo a Cristo! En los demás casos, se usa la letra "o". "Trabajas o estudias, pero de vago no te quedas".

Oyó / holló La primera es el pasado del verbo "Oír". La segunda es el pasado del verbo "Hollar" o "Pisar"

¡Oh! / o. "¡Oh!" se usa para para expresar asombro, alegría o pena. ¡Oh! ¡Cuánto amo a Cristo! En los demás casos, se usa la letra "o". "Trabajas o estudias, pero de vago no te quedas".

Patrón / patrón. Aunque la palabra "patrón" se escribe igual para referirse tanto al jefe como al modelo, debemos tener cuidado de escribirlo correctamente basado en lo que queremos decir. Por ejemplos: Para ganarse el aprecio de sus patronos, muchos trabajadores hacen un excelente trabajo. Para hacer un excelente trabajo, los empleados siguen con cuidado los patrones de lo que deben hacer.

Pie / pies. Pie se refiere al monosílabo que habla del esqueleto que comprende el tarso, que sin la "s" se mantiene en singular, mientras que "pies" se usa solamente en plural, como cuando nos referimos a los pies de una mesa, o a ambos pies de una persona. Es correcto decir: "Me duele el pie izquierdo" o decir: "Me duelen los pies". Mucha gente dicen incorrectamente: "Me duele el pies izquierdo", o dicen incorrectamente: "Me duelen los pie". Es correcto decir, "pónganse de pies", porque sabemos que las personas usan ambos pies al pararse. Si decimos, "pónganse de pie" en realidad estamos diciendo que use solamente uno de los dos pies.

Plácido / plácido / placido. Plácido es un nombre propio. Ejemplo: Recuerdo a Don Plácido, el que araba con bueyes. Plácido (también palabra esdrújula, como el nombre propio) es un adjetivo que significa agradable, tranquilo. Ejemplo: "...y dan arrullos plácidos las olas a sus pies". El tercer término en esta lista cambia de ser una palabra esdrújula a una llana porque la fuerza de pronunciación se da en la penúltima sílaba. Ejemplo: "No temáis, manada pequeña, que a vuestro Padre le ha placido daros el reino" (Lucas 12:32).

Porqué / Porque / Por qué / Por el que. Los diferentes porqués que se utilizan están determinados por unas reglas sencillas. Se escribe

"Por qué" cuando pregunta o cuando admira: ¿Por qué no aprendes? ¡Por qué calles tan bonitas caminaremos! Se escribe "porque" cuando contesta o responde: "No aprendo porque no estudio". Se escribe "porqué" cuando se ignora la causa, el motivo o la razón de lo que sea. Por ejemplo: "No comprendo el porqué de su actitud", "Hay que averiguar los porqués de su cambio de actitud". "Por el que" se utiliza correctamente como en este ejemplo: "Siempre puedo contar contigo. Ese es el motivo por el que te quiero tanto".

Posesión / posición. Posesión es la circunstancia de poseer o tener algo. Posición es la manera en que está puesta una persona o una cosa.

Respuesta / repuesta El primer término es de responder o contestar: Me dio pronto su respuesta: Contestó que no. El segundo término es de reponer: Asegúrese de cargar con una llanta de repuesta en su automóvil.

Sesión / sección. Una sesión es una reunión de una asamblea. Por ejemplo: Hoy tendremos reunión todo el día. La primera sesión será por la mañana y la segunda sesión por la tarde. Por otro lado, una sección es una división de un entero. Por ejemplo: La primera sección del examen es de preguntas, la segunda sección es de un Pareo y la tercera sección consta de un Cierto o Falso.

Sien / cien "Cien" se refiere a la cantidad. "Sien" se refiere a la parte dentro de la cabeza. Tengo cien dólares; Me duela la sien.

Siento / ciento El primero es del verbo Sentir. Por otro lado, un ciento es el término representado por el numero 100; Lo siento, no tengo $100.00 para darte.

Sino / si no. «Sino» es una conjunción adversativa, como cuando se dice: "No fue él, sino ella". "Si no", por otro lado, es una conjunción de condición, como cuando se dice: "Si no te arrepientes, te irás al infierno". La mayoría de los hispanoparlantes cometemos el error de pronunciar la conjunción adversativa «sino» incorrectamente. La pronunciamos como si llevara la fuerza en la última sílaba. ¡Eso es incorrecto! Observe que al pronunciarla de esa manera, tendríamos que acentuar la palabra en la letra "o" porque sería una palabra aguda terminada en vocal. La pronunciación correcta es dándole la fuerza donde la lleva, en la penúltima sílaba: **si**no. La conjunción adversativa "sino" no se acentúa porque es una palabra llana terminada en vocal.

Tasa / taza. El primero es del verbo "tasar", que es fijar un precio o valorar un activo. El segundo se refiere a un recipiente que sirve para tomar líquidos.

Tras / atrás / detrás. Recuerde que "tras" es una preposición, que es un monosílabo y que no se acentúa. Por otro lado, "atrás" y "detrás" se usan de varias maneras como adverbios de modo o de lugar y que se acentúan porque son palabras agudas. Por ejemplos: Aunque soy pobre, continúo tras mi meta de publicar varios libros; ¡Vea atrás!; Siembro tomates detrás de mi casa todos los veranos.

Vos / voz. "Vos" significa "vosotros" o "ustedes" ("tú" o "usted" refiriéndose a la segunda persona). Por otro lado, la voz es el sonido que produce una persona cuando habla o cuando canta. Observe los dos términos en la siguiente oración: Vos tenéis una voz maravillosa.

Zarza / salsa La primera es un arbusto espinos, como el canto "allá en el monte Horeb, la zarza ardía y no se consumía", inspirado de Éxodo 3:4. La segunda, se refiere a una sustancia líquida o pastosa que se usa para condimentar la comida.

Hay muchísimas más, pero estas son las que recuerdo, así de momento. ¿Conoce alguna otra que quiera añadir? ¡Felicitaciones!

Regulares vs. Irregulares

Los verbos regulares son los verbos que siguen en la regla general en toda su conjugación. Existe un modelo propio de la conjugación, como cuando conjugamos los verbos amar, temer y partir en los tiempos pasado, presente y futuro: yo amo, tú amas, él/ella ama, ellos aman, nosotros amamos ahora...Yo amé, tú amaste, él/ella amaron, nosotros amamos ayer...Yo amaré, tú amarás, ellos/ustedes amarán...

Los verbos irregulares, por otro lado, no siguen en su flexión las reglas generales porque al conjugarse hay que alterar o combinar la raíz, el tema o las desinencias de la conjugación regular: Por ejemplos, tratemos de conjugar los verbos caber, ir: Yo quepo, tú cabes, nosotros cabemos, ellos cupieron, nosotros cabremos (Caberemos está mal dicho. Se dice "cabremos"), ellos cabrán (Caberán está mal dicho. Se dice "cabrán"). Él cupo por el pequeño espacio (No se dice "Él cupió por el pequeño espacio". Se dice "cupo") De la misma manera los verbos que terminan en "ir" o en "ducir" forman la forma pretérita (la forma pasada) con «j». Ejemplos: se dice "condujo" (no se dice condució); Se dice "maldije, maldijo". (Maldició, maldijí están incorrectos). Maldecirán, satisfacer, satisfarán. No se dice "satisfacerán", sino que se dice "satisfarán". El verbo irregular satisfacer, se debe conjugar como se conjuga el verbo «Hacer»: Yo hago, tú haces, ellos harán...

Yo satisfago, tú satisfaces, ellos satisfarán…están correctos, aunque nos suenen un poco extraños.

Es fácil darse cuenta si los verbos con los cuales nos enfrentamos son regulares o si son irregulares al tratarlos de conjugar. Un buen libro de texto ya tiene las listas de los verbos resumidos[13]. ¡Son demasiado muchos! Por el momento, sé que el corto material aquí presentado le ayudará mucho de todas maneras.

¿Qué debemos tener en cuenta al redactar? A continuación presento varios consejos que son amenos. Recuerde que cualquier ejemplo dado es presentado con el propósito de ilustrar el uso correcto del idioma y no para contradecir las Escrituras ni alguna otra obra.

---

[13] Casi siempre aparecen cerca del final de los libros, en los apéndices.

Redacción y Composición

Cuando redacta o cuando escribe cualquier composición en español, es recomendable que siga los siguientes consejos:

Evite el uso del doble negativo. Dos negativos expresan la idea de algo positivo. Por ejemplos: Si digo, "No entiendo nada" estoy diciendo que entiendo algo, cuando mi intención es decir que no entiendo ni un poquito de lo que se está diciendo o enseñando. Los dos negativos son: no, nada. Sería más correcto decir: "No entiendo"; "Nada entiendo"; "Entiendo, absolutamente, nada".

¿Le confundí? La regla parece contradictoria. No lo(a) culpo. Por eso, ahora se acepta que digamos: No entiendo nada, cuando la intención es decir que entiendo, absolutamente, nada. Un tiempo atrás, había que ser usado sin los dos negativos. Si estudia bien el caso de los dos negativos, puede darse cuenta que en realidad cambian a positivo. Por ejemplo, las siguientes dos oraciones no pueden ser ambas verdaderas, si significan lo mismo: No entiendo nada. No entiendo algo. No pueden significar lo mismo porque "nada" no es lo mismo que "algo".

De una manera similar, si queremos decir que Dios puede hacer todas las cosas porque Él es Todopoderoso, diríamos: Todo es posible para Dios; Nada es imposible para Dios; Porque no hay algo imposible para Dios. Si decimos: No hay nada imposible para Dios, en realidad estamos diciendo que sí hay algo imposible para Dios, lo cual estaría incorrecto porque nada es imposible para Dios. ¿Se está riendo, o está molesto(a) conmigo? No se preocupe, entonces. Ya no se le da tanto énfasis como antes a este asunto del doble negativo. Sin embargo, como está leyendo "¡Que el mensaje esté bien escrito!" tiene, por necesidad, que verse expuesto a este tipo de análisis gramatical.

Evite la ambigüedad de sentido o la incertidumbre para la interpretación de una frase. Repase lo que escribió para asegurarse, sin lugar a dudas, que está comunicando exactamente lo que quiere decir. Observe si hay algo ambiguo o de doble sentido (anfibología) y escríbalo mejor. Estudie con mucho cuidado los siguientes ejemplos: (1) *"La madre quiere ayudar a su hija a que llegue a ser Doctora. Ella es inteligente"*. ¿Quién es inteligente, la hija o la madre? Más correcto sería escribir: *"La hija es inteligente. Por eso la madre quiere ayudar a su hija a que llegue a ser Doctora"*. También así: *"La madre es inteligente. Por eso ella quiere ayudar a su hija a que llegue a ser Doctora"*; También así: *"Tanto la madre como la hija son inteligentes. Por eso la madre quiere ayudar a su hija a que llegue a ser Doctora"*; (2) *"El Capítulo 15 de 1 Corintios es el gran capítulo de resurrección de la Biblia"*. ¿Se había muerto la Biblia? Más correcto sería decir: *"El Capítulo 15 de 1 Corintios es el gran capítulo de la resurrección del que habla la Biblia"*.

Utilice correctamente los signos de puntuación. Algunos son culpables de cambiar el significado aún de la misma Palabra de Dios por cambiar uno o varios signos de puntuación. Por ejemplo, lo correcto es decirlo tal y como está en las Escrituras, *"Entonces Jesús le dijo; De cierto te digo que hoy estarás conmigo en el paraíso*[14]*"*. Tal y como está, entendemos que el malhechor que estaba colgado y quien le pidió a Jesús que se acordara de él, iría al paraíso ese mismo día. Aquellos que se atreven a cambiar los signos de puntuación en esta oración, cambian el significado. Por ejemplo, alteran la Palabra al decir, *"Entonces Jesús le dijo; De cierto te digo hoy, estarás conmigo en el paraíso"*. Con esta alteración entendemos que aquel ladrón

---

[14] Lucas 23:43

arrepentido llegaría al paraíso, no necesariamente ese mismo día, sino en algún tiempo futuro. Es increíble que muchos se atrevan quitar o añadir a las Santas Escrituras solamente para fomentar una falsa enseñanza. Esto es más serio de lo que pensamos. Es muy posible que ya muchos hayan causado estragos irreversibles y por eso recibirán del Señor su justa paga, según advierte Apocalipsis 22: 18 – 19.

Analice cuál es su intención como autor. Por ejemplo, algo que podemos analizar es el trato que los cristianos le debemos dar a los diez mandamientos descritos en el Antiguo Testamento. En Marcos 10:19 y en Lucas 18:20 Jesús le está citando los mandamientos de Éxodo 20 a un joven rico. Sabemos que Éxodo 20 contiene diez mandamientos. Sin embargo, cuando el Señor Jesús le ha recordado unos cinco, o seis de ellos, el joven parece interrumpirle. Si en verdad le interrumpió, las últimas palabras de Jesús al joven deberían ir seguidas de tres puntos suspensivos porque no le dio tiempo a mencionar todos los mandamientos que el joven debería guardar. Los tres puntos suspensivos indicarían la intensión del autor de mencionar los diez mandamientos. Quitar estos tres puntos suspensivos y poner un punto final antes de tiempo, indica que la intención del causante fue dejar claro que no hay que guardar los diez mandamientos. Y todo porque alguien tuvo la osadía de ponerle un solo punto final a los mandamientos que Jesús le recordaba al joven rico.

Ahora muchos enseñan que no tenemos que guardar los diez mandamientos porque Jesús solamente le mencionó cinco, o seis de ellos al joven rico. Muchos cometen el error de menospreciar los diez mandamientos que Dios escribió con su propio dedo y erróneamente los catalogan como "la ley de Moisés[15]". Para apoyarse, se recuestan del relato en Hechos 15, Mateo 28, Lucas 24 y Marcos 16: 2, de los cuales han surgido grandes controversias entre los diferentes intérpretes de la Biblia. Los signos de puntuación juegan significados profundos en estas referencias bíblicas.

---

[15] Ver el comentario donde explico que Jesús es nuestro reposo.

Esté consciente del poder que ejercen los signos de puntuación. Hoy día existen evidencias de que los manuscritos más antiguos no contienen el relato que encontramos en Marcos 16: 9 – 20. ¿Qué implica esto? Dentro de otras cosas, se escribió para convencer al lector de que Jesús resucitó un domingo por la mañana. Note cómo con un pequeño cambio en los signos de puntuación, cambia todo el sentido de lo que enseña. *"Habiendo, pues, resucitado Jesús por la mañana, el primer día de la semana, apareció primeramente a María Magdalena, de quien había echado siete demonios"* (Marcos 16:9). *"Después de haber resucitado Jesús, temprano en el primer día de la semana apareció primeramente a María Magdalena, de quien había echado siete demonios"*. Así daría a entender que cuando llegó el primer día de la semana, ya Jesús había resucitado. Sin embargo, el énfasis de los escritores (o los traductores) bíblicos en estos evangelios, que es aceptado por miles de maestros de la Biblia, es que no hay que guardar el sábado, sino el domingo porque es el primer día de la semana, el día en el que Jesucristo resucitó.

Por favor, no permita que estas explicaciones le vayan hacer dudar de la fe que practica. Le advertí que la idea no es contradecir las Escrituras, ni alguna otra obra, sino hacer resaltar la importancia de las reglas gramaticales. Ahora prosigo con nuevas recomendaciones.

Utilice un nuevo párrafo cuando cambie a otra idea separada de lo que está redactando y muestre algunas palabras u oración de transición. Por ejemplo, si el tema son las flores y quiere decir algo de cada color de flores, en un párrafo describa las flores blancas, en otro párrafo las amarillas y así sucesivamente hasta que describa todos los diferentes colores para los cuales tiene mucho que decir individualmente.

La idea del uso de algunas palabras u oración que le sirva de transición es, como la palabra transición sugiere, "pasar gradualmente de un estado a otro o de una situación a otra" de manera que el lector no sienta un cambio muy brusco o repentino en el pensamiento. Por ejemplo, ahora continúo con otras interesantes sugerencias para la redacción y la composición.

Antes de "b" y "P" se escribe "m". Ca**mp**o; bo**mb**ón (no: canpo, bonbón) como puede ser que incorrectamente digan o escriban muchos.

Aquellas palabras que terminan en "z" forman los plurales con "c". Ejemplos: capa**z**, capa**ces**; efica**z**, efica**ces**; etcétera.

¡No use los anglicismos! Podemos escuchar continuamente en las noticias oraciones mezcladas como, "Cambio de look a mujer que ahora goza de residencia legal"[16]. Trate, hasta donde le sea posible, preservar la pureza del idioma español (no diga "parking", si está hablando español. Diga "estacionamiento"; No diga "zipper", diga "cierre de cremallera" ("Zíper" está bien también); No diga "sándwich[17]", diga "emparedado" ("Sándwich" está bien también); No diga "teenager", diga "adolescente"; No diga, "voy a llenar una aplicación para conseguir empleo de security guard". Es preferible decir, "voy a llenar una solicitud para conseguir empleo de guardia de seguridad". Aunque la palabra "aplicación" es correcta en español, cuando tiene que ver con "aplicar" o "aplicarse", sin embargo, cuando se traduce del inglés "application" es correcto traducirla por "solicitud"; No diga, "Se me rompió el toilet y necesito un plomero. Diga mejor, "se me rompió el inodoro y necesito un plomero", y así sucesivamente.

También tendemos a debilitar la pureza del idioma cuando usamos los nombres de varias frutas sin traducirlas correctamente al español. El problema surge cuando la oración está toda en español menos una palabra, la cual pronunciamos o la escribimos en inglés. He aquí algunas de ellas: cereza = cherry; albaricoque =apricot; manzana = Apple; fresa = strawberry; frambuesa = raspberry; melocotón, durazno = peach; ciruela = prune, plum; arándano agrio = cranberry; uva = grape; pasa = raisin; vaya = Berry; vayas = berries; y así sucesivamente. Solamente procure escoger el nombre de la fruta en el idioma español, de modo que toda la oración sea en español.

---

[16] Lo reportaron en las noticias el día 29 de noviembre de 2013 incorrectamente así.

[17] La palabra "Sándwich" ya está aceptada en español, y sigue las reglas de las llanas.

A veces, también pronunciamos otros nombres en inglés, cuando se supone que estamos hablando en español. Por ejemplo, si queremos pedir un pastel, podemos cometer el error de decir, "quiero un pai de manzana". Esto sale del inglés *"pie"*. Deberíamos decir, "quiero un pastel de manzana". No diga: Me gusta leer los *"ebooks"*. Diga mejor: Me gusta leer los libros electrónicos. No diga: Recibí un *"e-mail"* ayer. Diga mejor: Recibí un correo electrónico ayer. Etcétera. ¿Qué se debe hacer si la palabra en otro idioma es de difícil traducción? Lo que se hace es escribir la palabra extranjera entre comillas y/o en letras de imprenta cursiva (bastardilla). Por ejemplo: un *"teacher"* es un maestro.

¿Qué se le debe arreglar a la siguiente oración? : España, Francia y Inglaterra son países de Europa. La conjunción "y", que está antes de Inglaterra, se debe cambiar por una "e" para evitar la cacofonía. De una manera similar, debemos usar la letra "u" en lugar de "o" en casos como: Tampa u Orlando; Me gusta el queso americano u holandés.

Las siguientes expresiones se escriben en dos palabras (no en una, como hacen muchos al escribir, algunas sí, porque son excepciones): a bordo; a cuestas; a medias; a menudo; a pie; a propósito; a tiempo; a través; ante todo; de prisa; de pronto; de repente; de sobra; de veras; en cuanto; en efecto; en fin; en medio; en pie; en seguida; en vano; por fin; por supuesto; por tanto; sin duda; sin embargo…

Las siguientes expresiones se escriben en una sola palabra (no en dos, como muchos hacen al escribir, algunas sí, porque son excepciones): abajo; acaso; acerca; adelante; además; adentro; adonde; adrede; afuera; ahora; alrededor; anoche; antenoche; anteayer; antebrazo; antecámara; antedicho; antefirma; antemano; anteojo; antepasado; antesala; aparte; apenas; aprisa; arriba; asimismo; atrás; aunque; bienestar; bienhechor; conmigo; contigo; contraorden; contrapeso; contratiempo; cualquiera; cualesquiera; cumpleaños; debajo; dondequiera; encima; enfrente; enhorabuena; entreacto; entresuelo; entretanto; entretiempo; entrevista; extremaunción; ferrocarril; guardabosque; guardacostas; guardarropa; limpiabotas; malcriado; sobrehumano; todavía; vicepresidente; viceversa…

Dependiendo del sentido de lo que se está diciendo, las oraciones que siguen están correctas. Observe las palabras cuando se usan en una sola palabra y en dos o más palabras. Así se escribe: Dijo que vendría **en seguida**; Todo estuvo a punto **enseguida**; **Enfrente** del castillo había una plaza; Los vecinos de **en frente** son extranjeros; **¡En hora buena** viniste!; Le di la **enhorabuena** por sus éxitos (felicitaciones); **En hora mala** dejé mi país; El médico sabe el **porqué** de su conducta; Estudia **porque** quiere saber más; ¿**Por qué** no sales son ella?; Esas son las razones **por que** actúa así; ¿**Adónde** van con tanta prisa?; Voy al parque **adonde** me dijiste que irían los chicos; El bosque **adonde** nos dirigimos estaba lleno de niebla; Llegaron **a donde** estábamos esperándoles.

Observe que "enseguida y enfrente se pueden escribir en una o en dos palabras. En hora buena se escribe separada cuando equivale a un adverbio de modo o forma de tiempo; Enhorabuena se escribe en una sola palabra cuando es sustantivo y significa felicitación, parabién; y así sucesivamente, porque existen otras reglas todavía no mencionadas.

Evite las perogrulladas y/o los pleonasmos. Es decir, no escriba frases que son demasiado obvias al hablar y al escribir. Ejemplos: Te quiero a ti; Me quieres a mí, etcétera. Esto porque se sobrentiende que si te quiero, tiene que ser a ti y que si me quieres, tiene que ser a mí. Los pleonasmos no son necesarios cuando escribimos con profesionalidad. Ejemplos, decir: "te vi con mis ojos" "da reversa para atrás" "sube para arriba", "Baja para abajo"... todos los anteriores son pleonasmos que debemos evitar.

Hay palabras que se escriben de más de una forma. Ejemplo de estas son: oscuro, obscuro; sustituto, substituto; sustracción, substracción; hender, hendir; quizá, quizás, etc. Le aconsejo que consulte el diccionario siempre que tenga dudas. A medida que continúe usando las mismas palabras, ya no tendrá que consultar el diccionario porque le debe suceder como a mí – me las aprendí. Pero, como le dije, si es una palabra nueva o confusa, consulto el diccionario hasta que me la aprendo. Ése es un buen hábito. Le puede ayudar hasta para que logre escribir uno o varios libros.

Recuerde usar más la voz activa que la voz pasiva. Por ejemplo, en lugar de decir "Soy amado por mis hermanos", diga "Mis hermanos me aman". ¿Por qué esto es aconsejable? Sinceramente, no lo sé. Alguien me metió en la cabeza que la voz activa es más firme y parece presentar mayor autoridad al hablar y al escribir[18].

Las fechas en español. Escriba el día, el mes y el año (en ese orden) cuando esté escribiendo una carta, o un trabajo para la escuela. No escriba el mes, el día y el año, como se hace en inglés. Ejemplos de fechas correctas son: Jueves, 19 de diciembre de 2013; El día jueves, 19 de diciembre llovió mucho en Puerto Rico; 19 de diciembre de 2013; 11 de abril de 2012. Recomiendo que no se usemos el guion, ni la línea diagonal (la barra) para escribir las fechas en números (a no ser que estemos escribiendo un cheque, o haciendo algún trabajo de contabilidad o parecido, lo cual es correcto). De otra manera, eso parece indicar que somos vagos. Tenga también presente que en la mayoría de los documentos legales, como en diplomas, ventas, herencias, etcétera, las fechas se escriben en palabras. Algo similar a: El día once de abril del dos mil doce, aprendí las reglas del curso Español Básico con el hermano José Luis Rodríguez Calderón, el que creció en el barrio Río Chiquito de Luquillo, Puerto Rico (Esta última oración la di como ejemplo. No hay que escribirla así).

No use oraciones tan largas como la oración anterior. Escriba mejor: El día 11 de abril de 2012, aprendí las reglas del curso de Español Básico. El maestro de la clase fue el hermano José Luis Rodríguez Calderón. José creció en el barrio Río Chiquito de Luquillo, Puerto Rico.

Siempre que le sea posible, evite el uso del gerundio en sus títulos o temas (Especialmente, ustedes los predicadores). En lugar de escribir "Caminando con Cristo", escoja otro parecido sin usar los verbos que usan "ando" o "endo". "El caminar con Cristo" podría ser más apropiado. Una de las razones es que si sus mensajes fueran

---

[18] Pudo haber sido Mrs. Oyola o Mrs. Rodríguez, allá en la escuela Rafael N. Coca, en Luquillo, Puerto Rico durante los años 1971 al 1974. No recuerdo muy bien. De todas maneras, gracias Mrs. Oyola y Mrs. Rodríguez.

a ser traducidos a otros idiomas, los gerundios son controversiales para traducir. Otra razón es que según expertos, el uso del gerundio le resta valor a la idea principal en los temas.

¿"Z" o "S"? Si tiene alguna duda – como la tengo yo – cuando escribe palabras que no sabemos si se deben escribir con "z" o con "s", me ayuda recordar que muchas palabras que contienen "**em**" o "**en**" en el verbo, se escriben con "z" y cambian por "c" solamente para el pretérito singular; pero siguen con "z" para los demás casos. Ejemplos: **Empezar**, empecé, empiezo, empiezas, empiezan, empezamos, empezaremos, empezarán,…; **Comenzar**, comencé, comienzo, comenzamos…; **Memorizar**, memoricé, memorizo, memorizas, memorizaremos, memorizarán…; Para otro grupo de palabras que no contienen "em" o "en", el verbo es con "s" y no cambia. Por ejemplos: **Regresar**, regresé, regresó, regresaste, regresamos, regresaremos…; **Fracasar**, fracaso, fracasé, fracasaste, fracasamos, fracasaremos, fracasarán,…; **Confesar**, confieso, confesé, confesión, confesamos, confesaré, confesaremos, confesarás, confesarán…

Si existe una regla de cuándo es que la palabra en cuestión se escribe con "c" o con "s", no la sé. Si existe, estoy aquí "reinventando la rueda". Un análisis a las siguientes palabras nos puede dar la idea. Por favor, ayúdeme - si ve la regla – porque se me está haciendo duro. ¡Ustedes, los maestros de español, ayúdenme! Tal vez se refiere a la vocal antecedente, o la sílaba que precede, o a cualquier otra regla, si es que existe. Las palabras que se me ocurren de las que se escriben con "c" están : adoración, canción, bendición, natación, contención, revolución, redención, condenación, función, votación, definición, difracción, comunicación, discreción, detención, convocación. También algunas de las que terminan en "ia", como: policía, avaricia, delicia, caricia, milicia, alcancía, noticia…También algunas que comienzan con "in", como: incidente, incipiente, incitar,…

Por otro lado de las que se escriben con "s" están: Sion, televisión, visión, misión, confesión, discusión, pensión, extensión, conclusión, difusión, expresión, inmersión, aspersión, expresión,… Según mi entender, tomar sólo una muestra de las muchas palabras que existen para tratar de establecer una regla, es como en astronomía tratar de entender el universo observando solamente un grupo de estrellas. Pero hay que hacer el esfuerzo ¿no cree usted? La corta lista anterior parece indicar que va "c" cuando la sílaba anterior contiene la vocal "a", o cuando la palabra está antecedida por "cre". También parece indicar que se escribe con "s", si tiene las letras "er" o "pre" por precedente, **pero no siempre es así.** Por tal motivo, pienso que es conveniente, practicar mucho la manera como la palabra está aceptada y memorizarla así, sin necesidad de buscarle una regla.

Hay otros datos que también le pueden ayudar. Recuerde que tiene el derecho de consultar las fuentes informativas y cuánto quiera investigar. ¡Gracias a Dios por el gobierno que nos permite hacer estos tipos de análisis a nuestra discreción! Solamente recuerde usar las referencias para evitar caer en el acto del plagio ilegal.

Algunos ejemplos para corregir

Primer ejemplo. ¡Que el Dios del precioso pueblo de Israel y de todos los gentiles que en él creemos y le amamos, continúe bendiciendo vuestras almas! Con la ayuda del Todopoderoso, esta noche disertaré sobre el tema "Dios nos da buenos pastores". Permítanme leer lo que dice Malaquías 2: 4-7. El tema escogido es, "Tres Dotes en la Evaluación del Ministerio Pastoral". ¿Qué son dotes? Dotes son los conjuntos de cualidades que tienen las personas o las cosas. ¿Quiénes son los buenos pastores? ¿Cómo se caracterizan? ¿Por qué los necesitamos en la Iglesia? ¿Qué dotes tienen? Entre otras cualidades, los dotes que tienen son: Aman a Dios, están dotados con sabiduría y con inteligencia, y son los principales mensajeros de Dios para el pueblo. Los pastores son un don de Dios para su pueblo. Existen diferentes tipos de pastores, pero los pastores que Dios nos da son buenos pastores. ¿Cómo sabemos que Dios nos ha dado unos buenos pastores? En primer lugar (primer dote), nuestros pastores aman a Dios de una manera especial. A todos se nos da el mandamiento de amar a Dios sobre todas las cosas. Veamos, por ejemplo, lo que dice Marcos 12:30. Sin tener un amor extraordinario, un pastor no pude ejercer la obra con efectividad. Por eso fue que Dios insistió mucho con Pedro para que entendiera que si en verdad lo amaba, debería aceptar a los corderos (que son las crías de las ovejas). También debería aceptar las ovejas (que también implica a los carneros que dan carne y lana). Ya Pedro había negado a Jesús tres veces. ¡Leamos Juan 21: 15-17! Jesús quería que Pedro estuviera seguro de que en verdad lo amaba. Esto nos da a entender que sin un amor genuino, no se puede ministrar con efectividad. En segundo lugar (segundo dote) nuestros pastores están dotados con sabiduría y con inteligencia. En Efesios 4:11 la Biblia dice, "Y el mismo constituyó (dio) a unos apóstoles; a otros, profetas; a otros evangelistas; a otros, pastores y maestros (observe que para poder pastorear y ser maestros, tienen que estar dotados con sabiduría y con inteligencia). Jeremías 3:15 dice, "Y os daré pastores según mi corazón, que os apacienten con ciencia y con inteligencia". Debemos de estar bien orgullosos de nuestros pastores, hermanos. En tercer lugar (tercer dote) los pastores son los principales mensajeros de Dios para su pueblo. En Malaquías 2:7 la Biblia dice, "Porque los labios del sacerdote han de guardar la sabiduría, y de su boca el pueblo buscará la ley; porque mensajero es de Jehová de los ejércitos". ¿Sabe usted lo que esto implica? El Presidente de los Estados Unidos cuenta con unos soldados especiales que sobresalen de la mayoría de los demás soldados. Es porque son más capacitados y están mejor entrenados para hacer misiones especiales. Son inteligentísimos, son valientes y pueden realizar la misión con el menor número posible de muertos y heridos. De una manera similar, los pastores son estos soldados especiales con los que cuenta Dios en la Tierra para comunicar el mensaje. Así Dios nos da las profecías, nos advierte, nos amonesta y nos enseña. El pueblo necesita alimento espiritual continuamente hasta que Cristo venga, o hasta el tiempo que Dios lo reemplace con otro. Dios cuenta con buenos pastores que si tienen que dar su vida defendiendo a las ovejas, la dan. Jesús dijo en Juan 10:11 "Yo soy el buen pastor, el buen pastor su vida da por las ovejas. Los pastores saben que van a darle cuentas a Dios por la forma cómo cuidaron al rebaño. Cuán diligente fueron, cuánto tiempo proveyeron…, de todo eso le darán cuentas a Dios un día. Como rebaño, también nosotros daremos cuenta ante Dios de cómo los tratamos a ellos (Romanos 14:10 "…Porque todos compadeceremos ante el tribunal de

Cristo"). Somos una de dos cosas para el pastor ante Dios: Su corona o su vergüenza. Leamos Hebreos 13:17; Marcos 13:37; Proverbios 27:23. También leamos en Jeremías 23:4 donde Dios nos dice que nos pondrá pastores que nos apacienten. No tendremos miedo. No seremos amedrentados (aterrorizados, asustados). El que está a punto de alejarse del redil y descarriarse, se sentirá apreciado y retenido en el rebaño. ¿Quién no se aterroriza con un león suelto por ahí? ¡Muchos nos aterrorizamos hasta con un perrito pequeño! ¿Cuánto más no nos aterrorizaremos con un león? En primera de Pedro 5:8 dice, "Sed sobrios y velad: porque vuestro adversario, el diablo, como león rugiente, anda alrededor buscando a quien devorar". Pastores, en representación del resto del pueblo, les pido que no permitan que se nos acerque el león. Conclusión: Los pastores que Dios nos ha dado aman al Señor. Escuchamos acerca de los dotes con los que Dios los ha capacitado (entre otros: sabiduría e inteligencia). Como iglesia o el rebaño, debemos sujetarnos a ellos porque ellos son los principales mensajeros para nosotros y que velan por nuestras almas, como parte de su responsabilidad ante Dios. Ellos nos tratan con mucho celo y con amor porque representamos para ellos la misma corona que recibirán del Señor, o la vergüenza que sufrirán ante Él, si no se portan bien con nosotros. Nosotros, por otro lado, también tenemos que portarnos bien con ellos porque también daremos cuenta delante de Dios. ¡Gracias, Señor, por darnos buenos pastores! Amén.

Segundo ejemplo
Referencia bíblica

Jueces 19-21. Sí, la referencia principal para el mensaje de esta noche consta de la información que proveen los últimos tres capítulos del libro de los Jueces. No nos da tiempo para leerlos en una prédica de 45 minutos o menos, pero Dios me ayudará a resumirlo para ustedes. ¡Preste mucha atención, pues Dios tiene mucho que decirnos! ¡Gloria a Dios!

Fondo histórico

Moisés dejó como sucesor a Josué. Pero Josué no dejó un sucesor establecido. ¿Significa esto que el pueblo fue dejado "al garete" o sin dirección alguna? ¡No! El pueblo de Dios siempre tiene a alguien que lo dirija. Si no hay profeta, ahí está Dios. Si no hay rey, ahí está Dios. Si hay un pueblo congregado en el nombre del Señor, ahí también está Dios. Dios no depende de hombre alguno para manifestar su presencia, pero es bien ordenado.

Dice la Biblia que tenían el arca del pacto en medio de ellos; y Finees, hijo de Eleazar, hijo de Aarón, ministraba delante del arca del pacto en aquellos días (Jueces 20:27-28). Se los dije, que Dios nunca deja a su pueblo solo. Si el pueblo se va, Dios se queda con los que se quedan, y siempre tiene un remanente que le es fiel.

En este tiempo de los jueces, no tenían un rey humano y cada uno hacía lo que bien le parecía. Pienso que damos en el blanco en español cuando concluimos que la razón por la que ocurrieron muchas controversias y enemistades entre las mismas tribus, era porque "cada uno hacía lo que bien le parecía". Pero tomando la idea de la traducción del inglés, nos da a entender que no necesariamente esto era algo siempre negativo porque tenía su parte buena **cuando la gente hacía lo que consideraban que era lo correcto hacer.** Para ello, consultaban a todo el pueblo cuando tomaban decisiones que los pudieran afectar a todos. Esto da a entender que en este tiempo de la teocracia, ya cierta forma de democracia era aceptada, pues se pedía la opinión general de todos los afectados; y eso era algo bueno.

Desarrollo

La historia que prometí resumirle, va de la siguiente manera: Un levita quien moraba como forastero en la parte más remota del monte de Efraín, vivía con una concubina quien era de Belén de Judá. (Una concubina es una mujer que vive con un hombre con la que no está casada).

La concubina le fue infiel al levita. Tal vez, por evitar las repercusiones de su infidelidad (y quizás hasta por miedo de morir), decidió regresarse con su padre a Belén de Judá (No sabemos si se fue sola. El camino era peligrosísimo. Pero de alguna manera se las arregló para llegar hasta donde estaba su padre).

Después que habían pasado unos cuatro meses, parece ser que el levita echaba demasiado de menos a la mujer con la que había estado acostumbrado a vivir, y decidió perdonarla e irla a buscar. No salió solo, sino que se llevó consigo un criado y a dos asnos, o sea, el camino era largo y se llevó provisiones.

Cuando llegó a Belén de Judá, quien lo recibió y le hizo entrar a la casa, fue la concubina. El padre de la concubina no se había percatado que alguien había entrado en su casa. Pero parece ser que la casa no era tan grande porque también le vio pronto y se alegró. Estuvieron de acuerdo en que se quedara allí comiendo, bebiendo, descansando, y disfrutando a su concubina, unos tres días.

Cuando amaneció el cuarto día, se preparaba el levita para irse de regreso con su amorosa concubina hacia la parte más remota del monte de Efraín, pero el padre lo convenció para que se quedara un día más.

Cuando amaneció el quinto día, el padre de la concubina trató por todos los medios de evitar que se fueran, pero esta vez, el levita no le hizo caso y partieron de todas maneras.

¿Por qué sería que el viejo no quería que se fueran? ¿Sería que no le gustaba la idea de quedarse solo? Esta hija, posiblemente, era una buena cocinera y si se iba, tendría que batírselas él solito cocinando, limpiando, y haciendo todo lo demás. Tal vez, el anciano sabía que el camino de regreso al monte de Efraín era peligroso. No sabemos en realidad por qué el hombre avanzado en edad no quería que se fueran. No es pecado especular, siempre que no nos salgamos del tema principal, ni dañemos la historia. Jesús, por ejemplo, nunca usó frases como: "tal vez", "tal parece", "posiblemente", "a lo mejor", "me imagino", "pienso", etcétera, en sus mensajes porque él enseñaba con autoridad. Por otro lado, a los predicadores se nos permite especular, siempre y cuando no nos salgamos del hilo del mensaje. ¿Está de acuerdo?

De todas maneras, el levita partió con su concubina, con su criado y con sus dos asnos ensillados. Cuando habían caminado bastante, el criado le sugirió que pasaran a la ciudad de los jebuseos para descansar. Tal parece que el cansancio ya estaba afectando tanto a nuestros viajeros, que el criado sugirió descansar por el aquel de sobrevivir. Pero el levita no quiso. Él prefirió sacrificarse y sacrificar a los suyos por su orgullo cultural. Los habitantes de esa localización para aquel entonces (los que vivían en Jerusalén) no eran judíos. Por esa razón prosiguieron hasta el obscurecer y hasta que llegaron a Gabaa de Benjamín ¡Podemos imaginarnos lo cansados que estaban!

Se supone que algún benjamita los invitara y no les dejaran pasar la noche en la plaza de la ciudad. Tal parece que los descendientes de Benjamín se habían olvidado de las viejas enseñanzas de sus antepasados de tratar bien a los hermanos que necesitan albergue. O sea, se habían olvidado de ser hospitalarios. Dejarlos pasar la noche en la plaza, era lo mismo que exponerlos a morir porque había mucha gente mala y aprovechada de los que estaban en desventajas. Si no llega a ser por un viejo quien era forastero en Gabaa, pero era también del monte de Efraín y los vio para socorrerlos, estas personas no hubieran vivido para contarlo. El anciano los trajo a su casa y les dio comida y descansaron. ¡Gloria a Dios por los viejos! ¿Quién dijo que los ancianos no hacen falta?

Pero algo terrible sucedió. Los hombres perversos de la ciudad se enteraron que este viajero estaba allí y vinieron a la casa del anciano a pedir que se los entregara para ellos hacer el amor con él. ¿Nos suena esto familiar? ¡Sí, parece una simple repetición del relato encontrado en Génesis 19 con los hombres perversos de Sodoma! Estas dos historias son marcadamente similares. Pero observe que esta vez se trata de descendientes de Benjamín ¡Estamos hablando de judíos!

¿Qué usted dice? ¿Dice que hay gente de la descendencia del pueblo de Dios quienes también son homosexuales perversos? ¡Eso no puede ser, eso es solamente para la gente que no conoce a Dios!; Dirá usted.

Esto nos da a entender que la maldad está en el ser humano, sea de la nación que sea. Hay homosexuales perversos al igual que heterosexuales perversos en todos los lugares del mundo. También hay homosexuales y heterosexuales en todo el mundo que no son perversos, sino personas que aman a Dios y respetan el derecho de los demás. Los homosexuales perversos de Benjamín no querían a la preciosa hija virgen del viejo. Tampoco querían a la bien formadita y experimentada concubina del levita. ¡Querían a los hombres! ¡Increíble!

En medio de la discusión, el levita logró sacar a su concubina fuera de la casa para que la vieran y se calmaran. ¿Quién sabe si la sacó desnuda? ¡Qué mucho la quería! Durante la negociación, lo la querían. Pero cuando la vieron tan joven, tan hermosa y tan bien formadita, eso hizo que se olvidaran del hombre, y todos quisieron abusar de ella.

Como no podían usarla todos a la vez, los bisexuales pervertidos hicieron turno. Abusaron de ella sexualmente toda la noche hasta el amanecer. La Biblia da a entender que la apartaron un poco de la casa, tal vez hasta el montecito más cercano; y por allá la abusaron. Cuando el último terminó, ya ella estaba ensangrentada y casi muerta. Sacó fuerzas de donde no tenía y logró arrastrarse hasta llegar a tocar con sus manos el umbral de la casa donde estaba el levita antes de suspirar y morirse.

El levita cuando la vio por la mañana, creyó que estaba dormida y le habló. Como ella no respondía, se dio cuenta que estaba muerta. Entonces se la llevó hasta su casa a la parte remota del monte de Efraín, pero no para endecharla y enterrarla. Lo que hizo fue que la partió en doce partes (yo que pensé que la había perdonado su infidelidad porque la quería mucho) ¡Imagínese usted, un cuerpo humano cortado en doce secciones! Aunque no sabemos cuáles doce partes fueron con seguridad, es muy posible que separara los dos pies por los tobillos, las dos piernas por las rodillas, los dos muslos por las caderas, los dos brazos y los dos antebrazos por los hombros y por los codos, y la cabeza por el cuello. ¿Cuántas partes van? Pienso que ya están las doce partes contabilizadas; las doce partes que repartió por todo el territorio de Israel. ¡Qué gráfica\o y horripilante es esta historia!

Todo Israel se reunió en Mizpa y le pidieron al levita que explicara por qué hizo lo que hizo. Al él explicarles, se enojaron mucho, pero no contra el levita. Se encolerizaron contra los benjamitas tanto que esto provocó guerra entre los israelitas y sus hermanos los benjamitas.

La guerra no fue sin peticiones de paz. Primero los israelitas les pidieron a los benjamitas que entregaran a los hombres perversos que le causaron la muerte a la desgraciada concubina. Los benjamitas prefirieron pelear.

¿Cómo se prepararon los israelitas para la pelea? ¿Qué nos enseña esta historia? Esta historia tan trágica tiene mucha más enseñanza de la que yo pueda explicar. Léala bien y pídale a Dios que le abra su entendimiento espiritual. Eso hará la diferencia.

En Mizpa (tierra de Galaad) todos los israelitas se reunieron como un solo hombre. Ellos prometieron matar a los israelitas que no se reunieran. Los de Jabes-galaad no hicieron caso y no se reunieron. Entonces decidieron irse a pelear sin ellos, y arreglarían cuentas con estos después.

Después de unas dos derrotas de los israelitas frente a sus hermanos los benjamitas, los israelitas finalmente ganan y los benjamitas casi desaparecen. Murieron millares de soldados de ambos bandos por estar peleando bajo la voluntad permisiva de Dios. Solamente unos seiscientos de los benjamitas huyeron al desierto y allí permanecieron escondiditos por cuatro meses. Cuando ya era obvio que nadie los buscaba para hacerles daño, regresaron a lamentar la pérdida de sus familiares y compañeros en la ciudad quemada. Seiscientos hombres sin mujeres no podrían preservar la tribu de los descendientes de Benjamín. ¡Necesitaban mujeres para preservar la tribu! Los israelitas se enteraron que estos hombres sobrevivieron, pero se sobreentiende que recibieron instrucciones de Dios de no matarlos.

Preocupados por el dolor de perder a una de las doce tribus, los israelitas mataron a los hombres de Jabes-galaad como represaría por no haberse reunido en Mizpa, pero le salvaron la vida a cuatrocientas vírgenes para dárselas a los benjamitas que sobrevivieron, y de esa forma, preservar la tribu de los benjamitas. Como eran más de cuatrocientos hombres benjamitas los que habían sobrevivido, una tercera parte de ellos se quedaron sin mujer. Los israelitas deciden permitirles a los benjamitas venir y raptar a las jóvenes que necesitaran para que cada uno tuviera su pareja; y en el momento oportuno, así lo hicieron. De esa forma quedaron resueltos los problemas, de que

Israel aprendiera a humillarse ante Dios de corazón, la paga por el pecado de los benjamitas, y que todas las tribus permanecieran porque ninguna desapareció.

Conclusión

Si piensa que he exagerado al atreverme especular en los detalles un poco, lea usted los tres capítulos que concluyen el libro de los Jueces cuando tenga tiempo y después me cuenta. Le garantizo que observará que Dios nunca deja a su pueblo solo. El pecado de uno produce tragedias en muchos. A veces Dios nos permite hacer cosas bajo su voluntad permisiva. Si esperáramos en su voluntad perfecta, no tendríamos tragedias. Note, por ejemplo, cuántos miles de hermanos murieron en esta guerra. Para ganar la guerra hay que someterse a la voluntad de Dios. Les aseguro que si todos nos sometiéramos a la perfecta voluntad de Dios, no habría guerras. A veces Dios nos permite pasar por situaciones adversas para que aprendamos a someternos de corazón ante él. Los israelitas aprendieron que no era con espada, ni con ejército, sino con el Santo Espíritu de Dios que se obtiene la victoria. ¡Aprendamos de ellos, hermanos!

Tercer ejemplo. El tercer ejemplo presenta el reto de dar contestación a una pregunta concerniente a la verdad, pero como sigue está mal escrito.

¿Nos conviene decir siempre la verdad? No no nos conviene siempre decir la verdad especialmente si no es necesaria o nos puede causal problemas por ejemplo si Samuel le decía al primer rey de Israel saul que iria a belen a ungir a quien iba a ser el prójimo rey saul hubiera matado a Samuel en lugar de decir que iria con ese principal proposito el mismo dios le indico que digera que iria solamente con el propósito de ofrecer sacrificio a jehova lo qual era sierto también por que dios no habla mentiras de esta mañanera la vida de Samuel quedo preservada hasta que fuera su tiempo indicado para morir esto lo encontramos en una de Samuel dieciséis observe el verso dos de ese capitulo

Cuarto ejemplo. El cuarto ejemplo es dar contestación a una pregunta concerniente a los que nacen con defectos físicos, pero como sigue está mal escrito.

Las personas que nacen con defectos físicos, como los ciegos y los cojos, es porque están bajo maldición ¿verdad? Falso en éxodo cuatro once dice que Jehova fue el que hizo al mudo al ciego y al sordo

Quinto ejemplo. ¡Diga si es cierto o si es falso y explique usando algún ejemplo bíblico para la siguiente declaración! (Recuerde que la contestación está mal escrita ¡Corríjalo antes de buscar la contestación!).

Siempre y cuando el predicador se prepare bien espiritual e intelectualmente, el mensaje de Dios va a ser bien recibido por su audiencia.

Eso es falso no importa cuanta preparación tenga el predicador ni cuanto dios lo respalde ay veces cuando el pueblo no quiere oir según aprendemos de Exodo 6:6-9 si los oyentes están acongojados de espíritu o si están siendo esclavisados eso les impide poder oir el mensaje de Dios

Sexto ejemplo. El relato de las experiencias de Chegüi

La vida de cada persona es única y puede enseñar muchísimo, si el individuo está dispuesto a compartir con los demás. Este espíritu de compartir es comprobado todos los días a través de la tecnología. Este ensayo presenta, en realidad, el resumen de una vida ordinaria. Si es extraordinaria, usted la puede juzgar después de conscientemente leerla.

¿Eres joven y no estás en la escuela? ¡Podrías unirte al Job Corps! Lee a cerca del joven quien causó un pequeño cambio en ese lugar, y aprende de cómo era el ambiente de allí en una montaña de Puerto Rico para la década del sesenta.

¿Sientes que tienes un llamado de Dios para ser líder o servir en el ministerio? ¿Estarías dispuesto a servir en el ejército de tu nación? ¿Te atreverías enfrentarte con el reto de ser un paracaidista militar? ¿Te enlistaste ya y no estás seguro de si te debes quedar o salirte? ¿Qué beneficios obtiene un enlistado? ¿Qué experiencias podrías tener dentro y fuera del servicio militar? Estas y otras preguntas similares son digeridas en este ejemplar que está nutrido con el beneficio que provee la experiencia.

¿Recuerda usted los juegos de su niñez? ¿Eran estos peligrosos? ¡Los míos, sí! Y aquí le cuento, para de esta manera compartir mejor mis valorables memorias.

¡Que las disfrute y que las aproveche!

Es lamentable que muchas personas hayan pasado por el mundo sin comunicarles sus experiencias a los demás. Tal vez se murieron a una temprana edad, o vivieron en regiones incomunicadas, por la falta de educación, o porque no tuvieron a su alcance la tecnología necesaria. Otros pueden hacerlo, pero consideran que su vida es demasiado privada y no les interesa presentársela a los demás. Si este es su caso, respeto su opinión.

Para aquellos de nosotros que estamos dispuestos a compartir, podemos enfrentarnos con algunas dificultades. En primer lugar, hay que saber escoger aquellos detalles que son importantes. Esto, porque al hacer un análisis de todo lo que podemos recordar, encontramos que hay muchísimos asuntos que no convienen traerlos a la luz. Muchos de los pormenores son tan comunes entre los humanos que no es necesario hablar de ellos. Pero también encontramos asuntos que son únicos los cuales deben ser resaltados como el oro para que todos vean su calidad y pueden aprender de ellos.

Por algún misterio de la vida, parece ser también común que a medida en que envejecemos, podemos recordar más fácilmente lo que ocurrió hace mucho tiempo, que lo que tuvo lugar más recientemente. Por ejemplo, si alguien me pregunta qué desayuné ayer, quizá tenga que pensar unos momentos. Por otro lado, si me preguntan cuál fue mi primer automóvil, instantáneamente recuerdo la marca, el color, etcétera; aunque ya pasaron más de cuarenta años. Tampoco puedo olvidar algunos eventos significativos, incluyendo varios de lo que me ocurrieron en mi niñez y puedo compartirlos, gracias a Dios.

Otros obstáculos que pueden impedir el que alguien logre hacer notorias sus experiencias es su necesidad de ser una persona organizada y que sea capaz de crear una obra de arte. Cualquier individuo puede escribir acerca de su vida, pero hacerlo como en verdad conviene, sólo se logra con mucho ingenio. Algo muy importante que nos puede ayudar, es mantener con fidelidad un libro de memorias.

Tengo que darle el crédito a tres personajes que me ayudaron a poner en orden los detalles: Mi Dios, mi esposa, y mi madre. También me ayudó muchísimo las anotaciones que hice en un Diario. Mi esposa recuerda con mayor claridad muchos de los detalles que nos ocurrieron desde que nos casamos. Visitaba mucho a mi madre cuando estaba hospitalizada en Connecticut y a veces le preguntaba algunas cosas que no entendía bien el porqué de ellas. Por ejemplo, le preguntaba: "Mami, ¿por qué fue que vinimos a Connecticut cuando yo tenía cinco añitos?" Y ella me decía, pues recordaba las cosas con muchísima claridad, mi dulce viejita. Además de esto, la información provista por un Diario es excelente para otros asuntos legales y así por el estilo.

Un Diario provee muchas ventajas: Dentro de otras, te permite mantener una cronología de los eventos de tu vida en el orden en que ocurrieron. Te permite anotar tus experiencias en momentos particulares. Puedes comparar y observar tu progreso intelectual a través del tiempo. Te permite proveer información relevante para la historia del que estarán orgullosas las generaciones futuras. Si analizas bien lo que hay en tu Diario, eso te puede ayudar a que no sigas cometiendo los mismos errores una y otra vez. También el Diario provee un sinnúmero de otros beneficios que se podrían traer a colación.

Si eres cristiano, ya debes saber que todo lo que es bueno proviene de Dios. Como reconoces que mantener un Diario es algo bueno, entonces no tienes excusas para no comenzar uno inmediatamente; si es que ya no lo tenías. Si no eres creyente del evangelio, permíteme decirte que puedes cambiar de mente al leer cómo Dios transformó mi vida. Por favor, no te asustes, ni dejes de leerlo. Te aseguro que te gustará.

Nací en el sector Río Chiquito del Barrio Pitahaya de Luquillo, Puerto Rico el 18 de enero de 1954 (si nací el 18 de enero de 1954, debí haber sido concebido nueve meses antes – en abril 18 de 1953. ¿Ya sacó usted la fecha de cuándo fue concebido? ¿Qué es más importante, la fecha de nacimiento o la fecha de concepción? Se lo dejo a su discreción).

Mi padre, don José Rodríguez Collazo (Dios lo tenga donde no se moje) era dueño de una finca bastante grande en Río Chiquito. Para ese entonces el terreno en los campos era barato. Los ricos se acomodaban en la llanura, pero los pobres se veían forzados a vivir en las montañas. Mi madre, doña Confesora Calderón Lanzot (el Señor la cogió confesada) fue la mejor mujer que existió (Bueno, no sé si mejor que su madre, ni mejor que María, u otras; pero para mí, Mami era la mejor ¿me entiende usted?).

No son muchas las cosas que recuerdo de esos primeros años. Por alguna razón poderosa, recuerdo que me dio una fiebre terrible y no faltó mucho para que me muriera. En esos días, algunos niños no llegaban a los cinco años. Sí recuerdo a un grupo de santos que llegaron a mi casa, posiblemente en ayuno y oraron por mí con fervor. Recuerdo el velo que se ponían en la cabeza las mujeres que oraban con tanta fe, que hablaban en lenguas. Gracias a Dios, la fiebre me dejó y sobreviví.

Allí pasé los primeros cinco años, junto con Papi, Mami y mis tres hermanas mayores: Nilda, Elena y Ludín. La casa fue construida por lo que los jíbaros le llamábamos "la Prá", y era una de un grupo de residencias que el gobierno construyó y se las repartió en una forma de lotería a los afortunados recipientes quienes eligieron a don Luis Muñoz Marín como gobernador de la Isla.

En aquellos tiempos, cada casa tenía una cisterna de cemento al lado, donde el agua era recogida cada vez que llovía. Recuerdo que estos tanques de cemento permitían el desarrollo de unos gusanitos a los que llamábamos "gusarapos". Pero con gusarapos y todo, la usábamos para cocinar, para lavar el piso, y para bañarnos, principalmente. No teníamos que preocuparnos por echarles agua a las bañeras porque no teníamos inodoros, pues lo que se usaban eran letrinas que eran construidas un poco retiradas de la casa, por razones obvias.

De repente, me encontré bajo el sufrimiento de un inclemente frío. ¿Cómo fue eso, si en Puerto Rico no hace frío? Con mi mentecita, no me di cuenta que estaba en otro país. (Tal vez pasé todo el viaje durmiendo). Mi madre, viajó con mis hermanas y conmigo, pero mi padre se quedó en Puerto Rico. Inmediatamente, le eché de menos. ¿Dónde está papi? ¿Por qué en esta casa hay tanto humo? Me preguntaba.

Cuando supe que no vería a mi padre, comencé a comportarme de una manera inesperada. No quería jugar, ni comer. Pasaba mucho tiempo mirando las nubes desde el apartamento donde estaba. Me llamaban la atención, pero no respondía. Recuerdo que alguien dijo: "Está mirando los angelitos". No estaba viendo angelitos. Lo que estaba era pensando una y otra vez, ¿Dónde está papi? ¿Por qué aquí hace tanto frío? ¿Por qué en esta casa hay tanto humo? Es increíble que a pesar de haber pasado tantos años, ahora en mi adultez, todavía recuerdo perfectamente el olor del humo que expelían los cigarrillos.

Los demás eventos que tuvieron lugar en mi corta estadía en Connecticut no fueron muy favorables, según mi opinión. Recuerdo que un vecino de mi edad recibió muchísimos regalos de navidad con los cuales yo quería jugar, pero no me lo permitían. ¡Cómo anhelaba jugar con un trencito que daba vueltas por la vía colocada dentro de la inmensa sala! También recuerdo un avioncito de consolación que me regalaron el cual se quedó atrapado en lo alto de la rama de un árbol y no pude bajarlo; pero tampoco alguien pudo hacerlo por mí. También recuerdo de unos jóvenes intimidantes que le dieron una carrera a un joven que me cuidaba. Cuando vio que se acercaban, me dejó solo por irse a esconder. Los perseguidores no estaban interesados en mí, pues siguieron detrás del que se escondía. Si lo atraparon o no, nunca lo supe ¡Qué bueno que a los pocos meses después de haber llegado a Connecticut mi madre decidió regresar con mi padre a Puerto Rico!

Tal parece que pasé de regreso durmiendo otra vez, porque no recuerdo el viaje en lo absoluto. ¡Qué rico se sentía el clima calientito de Puerto Rico! Me parecía que había llegado al Paraíso. Mi padre se puso contentísimo no solamente porque su esposa y sus hijos regresaron, sino porque se ganó una pequeña lotería. Comenzó un negocio pequeño que consistió en una tienda de alimentos. El negocio no prosperó. Unos vecinos alborotosos se ponían a tomar alcohol cerca de la casa (posiblemente mi padre les estaba vendiendo alcohol). Pronto decidió eliminar el negocio por tanto problemas que causaban los irrespetuosos clientes. Un día en particular, alguien arrojó una piedra azotando con fuerza en la casa. Mi padre salió en busca de la policía, pero cuando esta llegó, ya todo se había aclarado. Este incidente hizo que cesara el negocio.

¿Cuántas cosas influyen en el desarrollo de la personalidad? Pienso que muchísimas. No vi en mi padre el mejor ejemplo de cómo luchar y hacer planes en caso de que el primer plan no funcione. ¿Dejar el negocio porque unos vecinos eran molestosos? No creo que esa era una buena razón para terminar. ¿Qué tal el dejar de vender bebidas alcohólicas, si era que las vendía? Pero bueno, estaba muy pequeño como para poder entender lo que sucedía.

Por regla general, los padres procuran el bienestar de sus hijos. Acontece a veces, que en los hogares hay discordias y algunos padres no saben cómo evitarles malas experiencias a sus hijos. Por ejemplo, viviendo con nosotros se encontraba un muchachito al que apodábamos "Che". Él había tomado refugio con nosotros. Sus padres habían fallecido y no tenía otro familiar cercano que pudiera cuidar de él. Aprendí que tenía un hermano mayor a quien le decían "El Negro". Este hermano suyo fue refugiado con otra familia de la vecindad. Nunca me relacioné con El Negro, pero Che para mí era como un hermano mayor.

Un día me encontré unas bolitas y después de jugar todo lo que pude con ellas, decidí esconderlas para que nadie me las quitara. Las bolitas eran de Che. Cuando él vino y no las encontró, rápido supo que fui yo quien se las escondió. Me hicieron entregárselas y me puse a llorar. Mi padre se enteró del asunto y se aprovechó para botar a Che de la casa. ¡Que tristeza me dio verlo salir con un bultito en su espalda e irse llorando! De haber sabido que este incidente iba a causar que tuviera que irse, jamás hubiera llorado. Le hubiera entregado sus bolitas con mucho gusto. ¿Cómo este incidente afectó mi personalidad? ¿Cómo le afectó a Che?

A través del tiempo, con el buen cuidado, con la buena educación y con los buenos consejos, he logrado mejorar mi forma de ser. Sin embargo, parece ser que una vez la personalidad está forjada, es muy difícil para una persona poder portarse mejor de lo que le dicta la naturaleza. Me explico. A manera de ejemplo, recuerdo algunas de las ocasiones en las que me porté incorrectamente pudiéndome haber portado mejor. Estos momentos fueron: Con una hija, en la celebración del Día de los Padres; con una estudiante, en el día de su graduación; y con todos los compañeros de trabajo, en una celebración del Día de Acción de Gracias.

Cuando mi tercera hija, Josephine, tenía unos once años de edad, participó en una actividad de la Iglesia dedicada a todos los padres. Era imperativo que los hombres estuvieran presentes. Ella me rogó que fuera, pero no fui. ¿Cómo le afectó mi ausencia? No sabría decir. Solo ella lo sabe. Sé que se sintió como que ella no me importaba, y se puso celosa del resto de las jovencitas quienes pudieron tener a sus padres con ellos en la celebración. ¡Qué error cometemos los padres cuando ponemos excusas y no cumplimos con la principal responsabilidad! Perdóname, Josie. Si le pudiera dar reversa al tiempo, lo haría e iría a la celebración ese día. Pensabas que era un superhombre, pero comenzaste a darte cuenta que no soy tan "súper" en realidad. Te amo mucho, perdóname.

Otro caso basado en el mismo principio de mi aptitud por evitar estar en fiestas o en celebraciones ocurrió recientemente y afectó a la hermana Nereida Quiñonez, la pastora. Cuando me gradué del Colegio Metodista en Carolina del Norte en el 1987, la hermana Quiñonez atendió a mi graduación y me dio todo su apoyo. En la primera década de este siglo veintiuno tuve el honor de darle clases mientras estudiaba para el ministerio. Nereida preparó un discurso donde hizo resaltar mis buenas cualidades como profesor, pero no estuve presente en el día de su graduación. Ella se graduó con altos honores. ¿Por qué no fui? No tengo excusa. Perdóneme, hermana Nereida. ¡Lea lo que me pasó con Che y téngame compasión! Sepa, que la admiro mucho como persona y estoy muy orgulloso de usted.

Me impresiona su espíritu misionero y todos los trabajos que hace para el Señor.

Una hermosa compañera de trabajo me preguntó por qué no asistí a la celebración del Día de Acción de Gracias de la Compañía. Le dije que escribí en mi libro en inglés mi experiencia con Che. Le expliqué que desde entonces soy una persona quien prefiere no hablar mucho cuando se encuentra entre amigos, por tal de no herir con mis palabras y exponerme a perderlos. Me dijo que me olvide de ese asunto porque no fue mi culpa lo que sucedió con Che. Me dijo que tal vez él había hecho otras cosas y mi padre solamente estaba esperando un buen momento para despedirlo. Ella me dijo que no permita nunca más que este suceso dirija mi modo de ser.

Mrs. Graham, gracias por su buen consejo. Le prometo que haré lo mejor posible por superar esta flaqueza de mi personalidad Sin embargo me pregunto, ¿Qué habrá pasado con Che?

Lo que recuerdo de lo que me ocurrió durante los años de escuela elemental y secundaria

Fueron muchas las cosas que me sobrevinieron durante los próximos diez años (como desde los seis a los dieciséis años). Dentro de ellas: 1) conocí a mis maestros; 2) por poco muero asfixiado con polvo; 3) aprendí a nadar; 4) nos mudamos más adentro e interactué durante mi niñez con los nuevos vecinos; 5) por poco me muero ahogado en el río, pero alguien me salvó; 6) casi caigo a un río crecido; 7) mi hermana Elena me llevó al dentista; 8) Conflictos en la escuela; 9) me enamoré "a lo adivino" y dejé la escuela; 10) trabajé en agricultura; 11) ingresé en el Job Corps.

Conocí a mis maestros (1)

Los maestros de escuela son bien recordados. Ellos influenciaron mi vida para bien. ¡Cómo respetábamos a los maestros! Lamentablemente, hoy día eso se ha perdido. Me enseñaron que los maestros eran como unos segundos padres y tenían más autoridad que la que los maestros tienen hoy día para disciplinar a los estudiantes. En mi libro en inglés ofrecí un trabajo investigativo que compara y explica la relación de los maestros con los estudiantes y viceversa. Sé que muchos de mis maestros deben haber fallecido, como posiblemente me haya ocurrido cuando lea este escrito. Recuerdo a Mrs. Roldán, Mrs. Matienzo, Mr. Colón, Ms. Colón; Ms. Rodríguez, Mr. Méndez, Mr. Bonano; Mrs. Oyola, Mrs. Montalvo, Mr. Encarnación; Mrs. Ferrer, Mrs. Llanos, y a Mr. Martínez, entre otros. A pesar de los ejemplos que nos dieron estos buenos maestros, los muchachos son siempre "muchachos" y se comportan de acuerdo a ello en los momentos cuando no están sometidos a las restricciones del salón escolar.

Por poco muero asfixiado con polvo (2)

Un dichoso día jugando en la hora del recreo, un muchachito mudo agarró polvo en sus manos y lo arrojó en mi rostro. Por mala suerte, abrí la boca precisamente en el momento en el que el polvo fue arrojado, y me asfixió. Tosía, pero el polvo era tanto que ya no podía respirar. Casi cuando iba a desmayarme, un muchacho alto al que le decían "Cico" me levantó del suelo, me puso debajo de una fuente de agua y me golpeó la espalda con su mano para hacerme toser mejor. Gracias a Dios quien trajo a Cico a tiempo para salvarme la vida. Aprendí que al pasar los años Cico estudió para hacerse un ministro de Dios. ¡Dios te bendiga mucho, Cico! Gracias por tu pronto acción.

Aprendí a nadar (3)

La manera como aprendí a nadar, a nadie se la recomiendo. Voluntariamente, me uní a un grupo de juveniles. Algunos de ellos eran mucho mayores que yo. Era vergonzoso para mí ver otros niños de mi misma edad que ya dominaban el arte de mantenerse flotando en el agua, pero yo no sabía. Parece ser que a los mayores les gustaba enseñar. El método que usaron conmigo no era uno profesional. Simplemente me dieron unas instrucciones, y aun en contra de mi voluntad, me arrojaron al agua profunda. Comencé a tragar agua y a llorar. Me sacaron del agua, me explicaron lo que tenía que hacer y lo que no tenía que hacer, y me volvieron a arrojar. Rápidamente, salí solito hacia la orilla. Luego dejaron de enseñarme y de molestarme. Pero, poco a poco tomando pequeños riesgos, desarrollé la habilidad de nadar tal y como lo hacían ellos. ¡Qué forma tan abusiva para enseñar a nadar! Pero sobreviví todo eso, gracias a Dios.

Nos mudamos más adentro e interactué durante los años de mi niñez con los nuevos vecinos (4)

Cuando tenía como unos diez años de edad, mi papá decidió vender la propiedad y comprar otra supuestamente más pequeña y todavía más retirada de la ciudad de Luquillo. Tuve la dicha de acompañar a mi papá cuando fue a cerrar el negocio con el hombre quien le vendía su propiedad. Recuerdo que aquel señor vivía en un rancho de paja y lo mantenía lleno de humo de tabaco. No había carreteras, sino que el camino había quedado hecho según las personas y los animales caminaban una y otra vez por el mismo lugar. Mi papá le pagó, y consiguió a varios carpinteros que le construyeran una casa de madera y de zinc. Pronto nos mudamos a nuestro nuevo lugar.

Los vecinos en este sector "Las Gavinas", que luego vino a ser añadido al llamado barrio "Río Chiquito" los puedo mencionar casi a todos, porque no eran muchos. Aquí menciono los apellidos de las familias al recordarlos en su localidad según la manecilla del reloj: Rodríguez, Matos, Carmona, Ramos, Pérez, Noguera, Peña, Gavino, Reyes, Rosario, Aponte, Fernández, Pimentel, Toledo, Nieves, Calderón, Mojica, Delgado, Robles, Colón, Díaz, Ortega, López, y los De Jesús. En Río Chiquito, ahora viven muchas más familias. Solamente estoy mencionando los que recuerdo que vivían en esa vecindad en la década del sesenta. Eran más de los que mencioné, pero algunos de los apellidos se repiten porque la misma familia estaba regada por el barrio.

Los vecinos más cerca que teníamos eran los Matos y los Carmona. Mis padres me dejaban pasar todo el día (en los días que no había clase en la escuela) entretenido con los hijos de Don Miguel Carmona. Ellos estaban bien educados y dirigidos a trabajar "en la Tala", antes que tuvieran tiempo para ponerse a jugar. Pasaba con ellos muchas horas porque eran más o menos de mi edad. Recuerdo a Emilio (Millo), Abel, Reynaldo (Nando), Manuel y Toñito. Para ganarme el premio de jugar con ellos, primeramente les ayudaba con sus tareas en la finca.

También se me permitía jugar con los hijos de Doña Gloria: Junior y Carmelito; y otros días con los hijos del agricultor Don Blas Peña: Ángel y Saúl; y con otro vecino a quien le decíamos "Piro". A consecuencia de ello, también me puse fuertecito y aprendí a sembrar y a cosechar los productos que normalmente los pequeños agricultores sembraban y de los que cosechaban de los árboles frutales.

De los plantíos, recuerdo los siguientes: ñames, yautías, malangas, guineos, plátanos, berenjenas, gandules, lerenes, calabazas, pimientos, ajíes dulces, ajíes picantes, batatas, y habichuelas, entre otros. De los árboles frutales, recogíamos: cocos, aguacates, mangos, panas, "pepitas", guayabas, mameyes, y pomarrosas, entre otros. Y todos estos productos y frutos eran orgánicos, que valga la aclaración.

Cuando terminábamos las tareas, nos íbamos al río a jugar; y a veces algunos salíamos llorando porque nos inventábamos unos juegos torpes. Recuerdo que hacíamos competencias basadas en cualquier actividad recreativa. En nuestros entretenimientos en el río, recuerdo los que llamábamos "burrunazos". Nos empujábamos desde el fondo del cuerpo de agua levantando los pies y dejando azotar uno de los pies (a veces, los dos pies unidos) con fuerza sobre el oponente. Si el contrincante era listo, se dejaba hundir; y sumergido disminuía el efecto del golpetazo. Pero, a veces, el desafortunado rival recibía el golpe completamente fuera del agua. Esto era lo que ocasionaba que terminábamos el retozo tan pronto alguien salía llorando; y si "Papá" se enteraba, no nos dejaba volver a jugar en el río.

Estos muchachos eran como hermanos para mí, y siempre lo han sido. Recuerdo que Abel (el de Don Miguel) me estaba enseñando a ordeñar una vaca. Nunca pude desarrollar esa habilidad bien, pero tengo una buena idea de cómo es que se hace. ¡Qué leche más rica, así calientita, tan pronto sale de la vaca: espumosa, dulce y sabrosísima! Recuerdo que Abel me bañó la cara con la leche por hacerme la maldad y por reírse (no piense que me molestó, porque yo me reí también). Teníamos a otro Abel en el barrio, "Abel el de Doña Monse" quien era mucho mayor que yo, pero él me enseñó a usar correctamente el martillo, pues era (o todavía es) tremendo carpintero.

Con estos muchachos aprendí a hacer "Chiringas" (cometas, volantines, que en Río Chiquito las llamábamos Chiringas). ¡Qué ingenio tan grande tenían! (Digo "tenían" porque yo aprendí con ellos). Usábamos cualquier papel fuerte o resistente y lo pegábamos con harina blanca y con agua (formando un pegamento) y las dichosas Chiringas volaban altísimo. Hasta las hacíamos "pelear" en el aire. No recuerdo bien cómo era que le llamábamos a las grandotas que hacíamos (pienso que le llamábamos "Toros"). Una vez a Nando se le reventó la cuerda de la que se sostenía su "Toro" y fue a parar a otra finca cerca de don Blas Peña, que estaba en otra montaña. Hasta allá fuimos a buscarla encima de unos árboles. ¿Se acuerda, Hermano Nando?

También usábamos diferentes tipos de ruedas: de bolines, de gomitas, sacadas de un árbol de "panas" o de "pepitas" para construir "un carrito". Le hacíamos un cajoncito para sentarnos en la parte de atrás. El carrito quedaba sostenido por cuatro ruedas – dos adelante y dos atrás. Al frente, le colocábamos un eje de modo que permitiera cambiar la dirección y que nos permitiera mantenerlo hacia el frente. Hacíamos competencias para ver cuál corría más rápido. También nos dábamos tremendas "peladas" cada vez que el carrito se nos volcaba, o se nos rompía corriendo. Parece ser que no podíamos conseguir la manera de divertirnos sin que hubiera algún tipo accidente. Pero eso no nos quitaba el ánimo para seguir retozando.

A veces me tocaba ser el perdedor en las competencias. De vez en cuando se nos ocurría ponernos a juguetear con hondas o tiradores, a los que le llamábamos "flechas". En el campo crece una planta silvestre que echa unas bolitas verdes redonditas a las que le decíamos "pepitas de berenjenas". Estas pepitas las usábamos de proyectiles. No eran tan duras que pudieran penetrar la piel, pero dolían muchísimo. Un dichoso día me dio con meterme dentro de un ranchito para desde una ventana atacar "al enemigo". Un experto tirador logró pasar su proyectil y me dio en uno de los ojos (pienso que fue en el ojo izquierdo. No recuerdo bien cuál de los dos). Pero sí recuerdo que comencé a gritar con tal fuerza que nuestros padres acudieron a regañarnos y a asegurarse que no continuásemos con ese juego tan peligroso.

Así continué mi desarrollo, de alguna manera positiva o negativa, al ser afectado por mi inevitable interacción con los adultos también. A veces, ponían a los niños mucho más pequeños a ser parte de un equipo de hombres y jóvenes mayores. Recuerdo que siendo uno de los más pequeños en el equipo, un hombre lanzó la pelota tan fuertemente que cuando la agarré con el guante, casi me tira al suelo; y la mano izquierda me dolió muchísimo. Me preguntó dónde estará ese hombre ahora para que volvamos a jugar, a ver a quién le va a doler la mano.

También recuerdo a una joven hermosísima quien era buena amiga de mi hermana Elena. Esta joven, me prometió que me iba a esperar hasta cuando yo creciera para casarse conmigo. Ahora que soy adulto, sé que no lo decía en serio. Sin embargo, cada vez que veo otra joven que se parece a ella, me llama mucho la atención.

Mi esposa me dice: "No mires tanto a esa mujer".

Le respondo: "Es que se parece muchísimo a alguien que conozco" (Pero no le digo a quién es que se parece, ni cuál es la historia).

Si eres una joven quien me agarras observándote, no pienses que soy un viejo verde. Es que simplemente, me recuerdas mucho a alguien quien me hizo una promesa cuando era niño.

Pero, gracias a Dios, que usó la mente de mucha gente adulta para traernos progreso y bendición. Recuerdo cuando el gobierno comenzó a construir carreteras en nuestro vecindario. Nunca antes habíamos visto cómo aquellas máquinas amarillas y portentosas lograban arrancar las inmensas piedras y árboles. No podíamos soportar la tentación de irnos corriendo detrás de ellas, sin importarnos la cantidad de polvo que tuviéramos que tragar en el proceso.

Luego, el gobierno nos trajo luz eléctrica. Veíamos las tropas de empleados haciendo hoyos para los postes de luz. Nos fascinaba mirar a los helicópteros cargando con postes altísimos y cómo los empleados en el suelo los acomodaban. Muy pronto todos teníamos luz eléctrica en nuestros hogares y también llegó el agua potable.

Recuerdo cuando pusieron las tuberías a orillas de las nuevas carreteras. Unas poderosas plantas de agua, estratégicamente colocadas a muchas millas de distancia, hacían posible que el agua fuera empujada hasta nuestras casas.

Mi padre compró el primer televisor que hubo en todo el barrio. Los muchachos venían a mi casa a ver televisión en las horas de la tarde. Poco tiempo después, ya todos tenían televisores en sus hogares. Antes de eso, "nos conformábamos" con escuchar la radio y usar nuestra imaginación. Nadie se perdía el programa de Los Tres Villalobos. Luego, con la televisión, nadie quería perderse la novela Tormenta de Pasiones, con Ulices Brenes y Marivella García.

En cada barrio había unas dos "Iglesias" o templos de adoración. Mi padre no quería a principios asistir a una de las del barrio, y lo acompañaba hasta el otro barrio más cercano (el Barrio de Sabana). Tal vez, quería estar cerca de su familia, pues en Sabana tenía a su hermana Lola y otros hermanos. Él hablaba mucho de Lola Pardella, de Cabulo y de Moncho. Pero solamente me familiaricé con tía Lola. A los otros, nunca los vi (o no recuerdo haberlos visto). Tampoco tuve la dicha de ver a mis abuelos por parte de padre.

Recuerdo que caminábamos desde nuestra residencia en Río Chiquito hasta Sabana a pie. La obscuridad del camino era densa. Uno no se veía ni la palma de su mano. Preparábamos una botella de cristal con gas keroseno (kerosén, queroseno o querosén). Le poníamos una mecha de tela o de papel forjada con muchas dobleces y apretada por la cabeza de la botella. Con ella nos alumbrábamos hasta llegar a nuestro destino, o hasta que se le terminaba el líquido que permitía arder la mecha sin hacer explotar la botella. En aquellos tiempos no había postes de luz entre un barrio y el otro. Solamente había luz en los poblados. Con el tiempo, decidió asistir a la Iglesia de Dios Incorporada en Río Chiquito; y esa fue una buena decisión.

Los abuelos de parte de madre, sí llegué a verlos; y duraron muchísimo tiempo hasta que llegué a ser hombre. Mis abuelos por parte de mi mamá, lo fueron Don Tomás Calderón y Doña Carlota Lanzot (que Dios los tenga donde no se mojen). Mi abuelita preparaba un café fenomenal. Le ayudábamos a recoger el café directamente de las plantas. Lo poníamos a secar encima de la casa, lo batíamos caliente y luego lo molíamos con una máquina que ella tenía en su concina. El café, ya listo para tomar, era servido en una "coquita" (un vaso hecho del núcleo leñoso o duro del centro del coco donde se encuentra la pulpa blanca y la leche, cubierto por la fibra y la cáscara exterior) ; Este núcleo cortado por la mitad, forma un envase muy útil. El café extraía "el gusto" del coco; y era tan sabroso, que los productos de hoy día ni se le asemejan. ¡Cómo echo de menos el café que hacía mi abuela! Ese era el mejor café del mundo.

Mi abuelita se enteró que yo había construido un cuartito en mi casa y me pidió que si le podía hacer un ranchito en la parte de atrás de la casa. La idea era hacer algo donde ella pudiera preparar el café, fuera de la casa, para evitar que la residencia principal se llenara de humo. Aparentemente, los carpinteros pedían mucho por construírselo. Me enseñó unas planchas de zinc viejas y me dijo que las usara para el techo de modo que la leña no se mojara. En medio de las críticas de los que pudieron hacer un mejor trabajo, me fui al monte y corté unas cuantas varas. Luego, me las arreglé para construirle el ranchito el cual usó por muchos años.

Por poco muero ahogado en un río, pero alguien me salvó (5)

Cuando tenía como doce años de edad, me puse a cruzar un "charco" grandísimo que había en Río Chiquito y llegando al otro sector de Luquillo conocido como "Santo Domingo". Este cuerpo de agua era nombrado como "El Salto". Se me hizo facilísimo cruzarlo al nadar hacia abajo, favorecido por la corriente. Al sentirme tan relajado y emocionado, decidí intentarlo en contra de la corriente. Cuando llegué a la mitad del charco, se me terminaron las fuerzas. En lugar de relajarme y dejarme bajar por la corriente hacia la orilla, me llené de pánico y tragué agua. Gracias a Dios que alguien estaba mirándome y le dio tiempo para empujarme dos veces hasta la orilla para que no me ahogara. Recuerdo que fue mi tío Jeremías Calderón quien me ayudó. Asombrosamente, él dice que no recuerda el evento. Si no fue mi tío, ¿Quién me salvó? ¿Lo hizo un ángel del Señor? ¿Cómo podrá olvidárseme este asunto, si me impactó tanto? Pienso que jamás lo olvidaré. ¡Gracias, tío, acuérdese o no se acuerde; de todas maneras, muchas gracias!

Casi caigo a un río crecido (6)

Cuando estaba en sexto grado, un día la escuela dejó ir a los estudiantes temprano por causa de la mucha lluvia. Le presté atención a un amiguito quien me pidió lo acompañara hasta su hogar. Me fui con él, en lugar de irme directo a mi hogar. Mi residencia era cerca y no había ríos en el camino. Por otro, para llegar a mi casa después de dejar a mi amigo cómodo en su hogar, tenía que cruzar un río (a no ser que regresara a la escuela y usara mi trayectoria normal); pero decidí tomar el riesgo.

El ruido que hacía el golpe de agua al bajar era tan fuerte, que parecía un monstruo; se escuchaba a media milla de distancia. Al llegar a la orilla me di cuenta que no debería intentarlo cruzar. Lo que hice fue que busqué otra área más abajo, tratando de conseguir por donde cruzar con más seguridad (no pensé que mientras más abajo del río uno busque, es más y más grande la turbulencia porque se le unen otros riachuelos). ¡Dios mío, qué inmadurez!

En las orillas del río crecen muchísimos árboles de guayaba. Vi uno altísimo que contenía una rama que alcanzaba hasta el otro lado, pero no era muy gruesa. Opté por amarrar los libros con un bejuco y arrojarlos al otro lado. Luego me subí al árbol, y comencé a cruzar el río por la dichosa rama. Con el peso de mi cuerpecito, la rama se bajó y casi tocaba la fuerte corriente en el mismo medio de la anchura del río. Pensé que la rama podría ceder y partirse, y con mucha adrenalina salté. Mi cuerpo cayó incompleto al otro lado de la orilla. Mis piernas estaban siendo empujadas por la corriente. Cuando azoté al caer, perdí la respiración porque sentí un fuerte golpe en el estómago. Llorando y sacando fuerzas de donde no tenía, logré poner todo mi cuerpo en la grama húmeda. En pocos momentos recobré más fuerzas y pude llegar a mi casa sano y salvo.

Reflexionando en este incidente, sé que no fueron mis fuerzas las que me salvaron. Fue mi Dios, en su misericordia quien me ayudó. Estoy convencido que no estaba solo. El ángel del Señor fue testigo de todo lo que estaba aconteciendo y me ayudó a salir salvo. ¡Gloria a Dios!

Mi hermana Elena me llevó al dentista (7)

Sé que este asunto de atenderse la boca en con un dentista no es algo de otro mundo como para que uno lo declare en un libro. Pero no encuentro una mejor forma de declararle a mi hermana Elena lo agradecido que siempre estoy y estaré de ella por aquel acto de misericordia que hizo conmigo. Yo había pasado varios años con un sufrimiento increíble y apenas podía dormir.

Mi hermana Elena, quien en ese tiempo trabajaba para un dentista, vino a visitarnos; y al verme tan sufrido, hizo los arreglos para llevarme sin demora al dentista quien trabajaba en Santurce. El dentista hizo todo lo que pudo por mí, pero no pudo salvarme una muela porque estaba demasiado corroída. Las demás, me las empastó; y se terminó aquel sufrimiento. Esto me hace pensar en los niños pobres del mundo. ¿Cuántos habrá hoy día que no reciben ayuda alguna para con sus problemas en la boca y en otras áreas? Oremos para que Dios tenga misericordia de ellos y hagamos lo que podamos hacer para ayudarlos. Desde ese tiempo en adelante podía concentrar mis energías en algo que no fuera llorar. Elena, gracias. ¡Qué Dios conceda todas las peticiones de tu corazón y te bendiga siempre!

Conflictos en la escuela (8)

Como caminaba tanto, me bañaba en los ríos, comía muchos vegetales y frutas, parece ser que era por eso que me sentía siempre lleno de una extraordinaria energía. Un día, en un tiempo de recreo en la escuela, los jóvenes mayores me encontraron un buen oponente para hacerme pelear. No nos teníamos riña uno contra el otro. Simplemente, les pareció bien a los jóvenes entretenerse mirando un boxeo que no era profesional.

Mi contrincante era más flaco y debilucho que yo. Por esa razón cada vez que nos pegábamos, él terminaba en el suelo y no se podía levantar. Después de gritarnos y dejarnos revolcar un rato, ya con nuestra ropa toda sucia y rota, decidieron separarnos y cambiar las reglas del conflicto. Decidieron que solamente íbamos a proseguir tirándonos puñetazos (golpes con las manos cerradas). El muchacho tenía una sortija en su mano izquierda y para colmo de males, era zurdo.

Como estaba tan confiado de mí mismo, siendo que hasta el momento había ganado el encontronazo, acepté acatarme a la nueva regla. ¡Qué error! No vi el golpe venir. El muchacho me tiró tan rápido que me dio en el lado derecho de mi rostro con su sortija y me hizo una herida en la cara. Caí de nalgas al suelo. Me levanté con la idea de agarrarlo fuertemente para que no me siguiera lanzando golpes, pero tan pronto lo iba a agarrar, nos separaron y no nos dejaron seguir peleando. Cuando llegué a mi casa con el rostro inflamado, me preguntaron qué me había sucedido. Les dije que me caí en el río y que me di con una piedra. Ellos no me creyeron, pero me dejaron tranquilo recuperándome del infortunio.

Otro día, otro joven quien había recientemente dejado la escuela, quiso viajar en el autobús escolar. El chofer sabía que el muchacho no estaba registrado en la escuela y le ordenó bajarse de "la Guagua". El adolescente dijo que no se iba a bajar. Cuando el chofer se levantó de la silla para forzarlo a salir, el jovenzuelo sacó un cuchillo. Los estudiantes comenzaron a gritar dentro del camión, llenos de pánico. Algunos salieron por las ventanas. El chofer se asustó. Le pude ver en su rostro la preocupación. Como estaba bien cerca del maleante, le agarré la mano con la que sostenía la cuchilla. Usé mis dos manos para poderlo controlar. El chofer aprovechó y le quitó el cuchillo al joven. Tan pronto el atrevido varón se vio limitado, salió corriendo y se desapareció por una montaña. Al otro día, alguien me dijo que el muchacho estaba preguntando quién fue el que le sujetó la mano (para vengarse), pero nadie le quiso decir. Me enteré hace algún tiempo que este joven es ahora Pastor. No creo que si lee este libro y así se entera quién fue el que le sujetó la mano, se va a querer vengar, porque ama a Cristo igual que yo.

Me enamoré "a lo adivino" y dejé la escuela (9)

¿Cómo le llega "el amor" a los jovencitos? Pienso que de muchas formas. Estaba en el noveno grado cuando me comenzó a llamar la atención la atracción por el sexo opuesto. Las jóvenes se vestían con minifaldas. En los momentos de recreo, algunas jugaban bajo una cuerda dando saltitos. Los varones no perdíamos tiempo observándolas y también entretenidos con diversos juegos. Parece ser que no solo le miré las hermosas piernas que lucía una muchacha, sino que se las observé por un largo rato. Estando ya en mi casa, no dejaba de recordar las hermosas piernas y toda la figura de la hermosa joven. Algo nuevo me había acontecido. Me "enamoré" de la preciosa joven. Así pasaron muchos días y meses, pero no me atrevía decirle algo a la mujercita. Algunos me preguntaban, ¿por qué tú miras tanto a Fulana? (Fulana no era el nombre, pero no lo debo publicar en este escrito); Y no sabía qué responder.

Alguien me sugirió que contestara: "Dile, porque me gusta, porque me gusta".

Ahora quería ir a la escuela mejor vestido y peinado. Hacía todo lo posible por impresionar a la joven, quien parecía no darse cuenta de lo mucho que me gustaba. No tenía muchas ropas. Para colmo de males, mi madre me estaba ayudando a arreglar un pantalón para que fuera bien planchado, pero la plancha quemó el pantalón. Me puse a llorar y no quise ir más a la escuela. Aunque todavía continuaba pensando mucho en "Fulana", me conformaba con fantasear o imaginarme que estaba con ella. Cuando la volví a ver algunos años después, ya no sentía amor hacia ella.

Trabajé en agricultura (10)

Mis padres no se opusieron a mi decisión de no ir a la escuela. Trabajaba cuando alguien me invitaba a trabajar, pues no salía a buscarlo. No tenía transportación, pero teníamos servicios públicos, que aunque eran "públicos" teníamos que pagar por tal servicio. Aunque esa no era excusa para no buscar empleo, el mal servicio de transportación en el campo era uno de los factores que no me ayudaban a emplearme. Como era tan poco lo que ganaba con los agricultores, perdía mucho tiempo haciendo nada, emborrachándome, y causando problemas por el vecindario.

Esto de embriagarme con alcohol no era influencia de mis padres. Recuerdo un señor, quien siempre estaba borracho y un día me ofreció de su bebida. Por curiosidad, me tomé algunos tragos y terminé embriagado por primera vez en mi vida. Mi madre me preguntó al otro día, cuando ya estaba ebrio por qué yo hacía eso, si no tenía necesidad alguna. Con esta y otras actitudes les causaba tristeza a mis padres.

Un día me puse a ayudar a mi abuelo, Don Tomás Calderón, haciéndole una limpieza en su finca. Mi primo Carlos y yo amontonamos la yerba seca y la quemamos. Ocurrió un desastre porque el fuego se pasó a otra finca donde había unos animales. Al día siguiente el vecino vino a advertirme que si sus animales sufrían daños, mi padre le iba a tener que pagar. La queja llegó a mis padres. Mi madre me preguntaba por qué yo hacía eso, si ellos nunca me dieron tales ejemplos. Pero mi padre hizo algo al respecto. Me ingresó en el Job Corps.

Ingresé al Job Corps (11)

El Job Corps es una organización del gobierno de los Estados Unidos que se estableció desde el 1964 y le provee entrenamiento y el desarrollo de destrezas a jóvenes que están entre la edad de dieciséis a veintiún años para que puedan ofrecer sus servicios en el mercado laboral

A principios del 1970 mi papá decidió enlistarme. Aunque me faltaban algunos meses para cumplir los dieciséis años, fui aceptado por estar cualificado. El sacrificio de llegar allá no fue en vano. Una vez que el vehículo de transportación pública nos dejó en la intercesión de la 65 de Infantería para subir hacia el campamento juvenil, tuvimos que caminar varias millas para llegar allá. Me parecieron que eran como diez millas, pero llegamos.

Esta fue una tremenda decisión de parte de mi padre. Lo felicito por ello. El lugar era cómodo y estaba bien protegido. Me sentía inteligente, siendo que le llevaba ventaja a la mayoría de los jóvenes quienes tenían mucho menos educación que yo. Hasta en la clase de inglés estaba mejor preparado porque había estado tomando un curso por correspondencia llamado "El Método Cortina" que me ayudó a conocer y a pronunciar correctamente muchísimo vocabulario del idioma inglés.

Además de una educación básica, nos daban: alimentos, refugio, ropa, entretenimientos, y nos pagaban alguito al final de cada mes. ¿Qué clase de entretenimientos eran los que no daban? Nos tenían muchísimos juegos disponibles y nos traían grupos musicales, entre otras cosas. Mi equipo de juego preferido fue un arco y unas flechas que encontré. Me gustaba tanto, que un día lo tomé prestado sin permiso. ¡Por poco me quito la vida con esta arma prehistórica! Se me ocurrió irme al mimo centro de un arque de pelota y lanzar la flecha directamente hacia arriba. Tal parece que cuando la saeta es lanzada en ese ángulo, el aire le permite llegar bien alta. Se fue tan alta, que pensé se había desaparecido, pues ya no la veía más. ¿Qué piensa que sucedió? A los pocos segundos, la flecha cayó clavada en el suelo casi raspándome el hombro izquierdo. Al darme cuenta de la tragedia que pudo haber sucedido (si caía directamente sobre mi cabeza), rápidamente devolví el arco y las flechas al lugar de donde las saqué y nunca más volví a jugar con el arco.

Para darle otra idea de la clase de entretenimiento que nos proveía el Job Corps, si usted tiene acceso a la red electrónica y busca información sobre "viva la gente", o "Los Happiness y viva la gente" posiblemente podrá leer o escuchar el mensaje de una canción que era popular en Puerto Rico durante esos días. "Up with People" ("Viva la Gente", 1968) era la alegre imagen de un movimiento musical en la década del sesenta. Las agrupaciones estaban formadas por jóvenes entre los 18 y 29 años que iban a compartir por diferentes partes del mundo. ¡Qué hermoso cantaban y qué mensaje bonito llevaban!

También éramos bendecidos con la visita de "The 5th Dimension Age of Aquarious 1969". Amado lector, si usted no recuerda estos grupos musicales, posiblemente es que usted es una persona joven. Pero, gracias a Dios y a la tecnología, puede darse el lujo de buscar en la red electrónica estos títulos, y literalmente leer y escuchar los mismos cánticos que tuve la dicha de oír en la década del sesenta. No comprendo por qué ya no se escuchan, si la música es tan bonita y está enriquecida con el acompañamiento de un mensaje alentador. Recuerdo lo bien que me sentía cuando escuchaba las voces angelicales de aquel grupo compuesto por hombres y mujeres cantando a coro. Era tan emocionante, que sentía que mis pies se levantaban del suelo. ¡Qué pena que en mi ignorancia, no supe aprovechar mejor mi tiempo!; y por portarme irresponsablemente, me sacaron de allí antes de terminar mi entrenamiento.

Lo que quería era ser grande y fuerte. En aquellos días estaba cogiendo unas clases por correspondencia que ofrecía un tal Charles Atlas. El curso me ayudó un poco a desarrollar unos pocos músculos y a sentirme más confiado de mí mismo. Los compañeros del Job Corps comenzaron a llamarme "Tosquito" y "Lechito" porque siempre me veían haciendo mis ejercicios y tomando leche frecuentemente. Este sentir de bienestar físico me hizo sentir sobre-confiado, y pronto descubrí que no era tan fuerte como pensaba.

Me atreví enfrentarme a otro joven mayor que yo quien era más grande y pesado. Le decíamos "Zarzal" debido a que procedía de un barrio en Río Grande conocido con ese nombre. El joven estaba abusando de otro muchacho que era debilitado de los pies. Me metí a defender al jovencito que estaba siendo abusado. Peleamos un rato bastante largo. Recuerdo que hice un esfuerzo sobrenatural y me lo quité de encima con un empujón que lo hizo caerse. Los espectadores comenzaron a reírse de él y se llenó de ira. Ahora, yo iba a saber si en verdad los ejercicios de Charles Atlas y toda la leche que tomaba me iban a servir para algo en contra de aquel zalzareño enojado.

Se me acercó y pronto me agarró fuertemente por el cuello. Me tenía debajo de él y yo anhelaba que el muchacho a quien defendía hiciera algo para quitármelo de encima, pero el muchacho se había desaparecido. Casi sin poder respirar – y ya asfixiándome – logré decir, "quítenmelo, que me mata". Algunos de los presentes acudieron a mi socorro y me lo quitaron de encima. ¡Gloria a Dios! Si no me lo quitan de encima, me hubiera matado, y no podría escribir acerca de esta experiencia.

Continué, desafortunadamente, ganando puntos en mi contra ante los ojos de las autoridades del campamento. Una noche algo sucedió que marcó el punto de tolerancia final para que me despidieran. Como a eso de las siete de la noche, vi la silueta de alguien que bajaba las escaleras desde el comedor hacia la caseta donde dormíamos. Cuando llegó lo suficientemente cerca, noté que se trataba de uno de mis mejores "amigos".

Él bajaba saboreándose un postre que había tomada del comedor. Esto me asombró, pues sabíamos muy bien que después de la última comida del día, era prohibido entrar al comedor; y estaba ya cerrado. El amigo me dijo que la puerta de atrás estaba abierta y que yo también podía ir y buscar algo de comer. Él mimo me llevó (estaba obscuro) y me mostró cómo alguien le había sacado los goznes a una de las puertas y cualquiera podía entrar y salir. Decidí entrar y buscar el postre. Cuando salía, alguien me estaba esperando en la puerta. Adivine usted quién me estaba esperando. ¡No, no era el amigo que me llevó a la puerta (el amigo, como siempre, se había desaparecido del área)! Era el guardia de seguridad o el Celador, como le llamábamos. El Celador escuchó mi historia, pero hizo su reporte al Director.

Temprano al otro día, después que nos alineamos en la fila para disfrutar de nuestro desayuno, experimenté por primera vez en mi corta vida la agonía que produce el sentirse rechazado. La noticia se había propagado como se irradia el fuego. Las fieles servidoras del comedor no me dieron la acostumbrada sonrisa y las que me pusieron algo de comer en el plato lo hicieron demostrando desprecio en sus rostros. Ahora que soy mayor y cuento esto, me doy cuenta de que este incidente muy bien le dio forma a mi personalidad. Siempre que hay mucha comida – cualquier fiesta o celebración donde haya muchos alimentos – prefiero no participar de ello. A pesar de lo adverso de este evento, ocurrió un cambio favorable en el lugar. Las autoridades nos aprobaron una merienda como a eso de las ocho de la noche.

Bueno, si algún jovencito es ahora miembro del Job Corps, y todavía recibe una merienda, sabes que estás leyendo el libro del personaje quien causó que dieran dicha merienda. ¡Dios mío, he hecho historia!

El principal del Job Corps era tan bueno que hablaba como un ángel. Era un señor trigueño de nombre Cayuzo o Calluso (no recuerdo bien). Demostraba la virtud de paciencia en su tono de voz. No llegué a disfrutar mucho de las meriendas porque pronto el señor Calluso nos encontró un trabajo en un supermercado local o bien cerca de nuestra residencia. (Sí, el último día de mi amigo, fue mi último día también). Nos consiguió empleo en el supermercado Pueblo de Fajardo.

El gerente Almodóvar nos recibió y rápidamente nos puso a empacar las compras que hacían los clientes. En aquel tiempo (no sé si todavía lo hacen) los clientes nos recompensaban con alguna propina y nos poníamos contentísimos. Fueran diez centavos, veinticinco centavos, cincuenta centavos, un dólar, o lo que fuera, poco a poco nuestros bolsillos se llenaban de propinas y logramos hacer nuestros ahorritos.

Este primer trabajo era buenísimo. Nunca antes había podido ayudar a mis padres económicamente y pronto pude comprar unos muebles para la sala que hicieron muy orgullosos a mis padres. Sin embargo, el trabajo solamente me duró un añito. Un día me enfermé y no pude llegar al trabajo. Tal parece que el mensaje de mi excusa no llegó donde el gerente porque cuando regresé a trabajar unos dos días después, ya el señor Almodóvar no estaba, sino que su ayudante había sido ascendido; y este no quiso que yo siguiera trabajando porque supuestamente no llamé. Aunque le dije que necesitaba el trabajo, no me dio otra oportunidad. A pesar de esto, algo muy hermoso me esperaba en el horizonte.

Puedo declarar que el año 1971 marcó una transformación para mí. Una noche desperté de madrugada y escuché el sonido de un arañazo en una de las paredes externas del cuartito donde dormía. Aunque estaba acostumbrado a dormir solo y apartadito de la familia (había hecho yo mismo el cuarto y lo había anexado como una extensión de la residencia principal de mis padres). Muchas veces me había despertado igualmente y salía sin miedo a mirar la luna, o lo que fuera. En aquellos tiempos, cualquier crimen o asalto era esporádico. A veces las puertas se quedaban abiertas toda la noche o las ventanas y rara vez ocurría algo malo.

Pero esta noche fue diferente. Continuaba escuchando como el sonido que produce la nariz cuando una persona la sopla con fuerza. Sabía muy bien que si abría la ventana, iba a ver la persona, el animal, o la cosa que estaba molestándome a esas altas horas de la noche. Esta vez, me acobardé y lo que hice fue que arropé todo el cuerpo con la sábana. Comencé a sudar.

De momento escuchaba una voz interior que me decía: "¡Quítate la ropa y comienza a correr desnudo por el barrio"!

Pensaba, "¿Cómo voy hacer eso? Van a decir que estoy loco".

Pero la voz me seguía repitiendo: "¡Quítate la ropa y sal a correr desnudo!"

Llegó el momento en el que la voz interna le estaba ganando a mi razonamiento. No podía resistir ya más. Cuando casi me levantaba a obedecer, escuché los pasos de alguien que se acercaban lentamente. La persona que venía caminando se detuvo al frente de mi puerta y comenzó a decir del Salmo noventa y uno. Cuando hubo recitado los primeros versos: "El que habita al abrigo del Altísimo, morará bajo la sombra del Omnipotente. Diré yo a Jehová: Esperanza mía y castillo mío..."ya estaba de rodillas frente a mi cama. El orador terminó de recitar todo el Salmo 91 y se fue.

Estando de rodillas, me sentí como un bebé que acababan de darle la leche que necesitaba para tranquilizarse. Todo el miedo desapareció en un instante. Dejé de sudar y comencé a llorar dándole gracias a Dios por rescatarme de los antojos de satanás. Vi un melón de agua en una visión. A este melón, dulce y jugoso, se le veía la mordida que acababa de darle. ¡Era de enorme tamaño! Esto me hizo entender que quedaba mucho más melón para comer. Este melón es Cristo.

¿Quién motivó al Hermano Nogueras avanzar hasta mi puerta a esas horas de la noche? ¡Dios, lo hizo! No teníamos teléfonos para comunicarnos con alguien. Pero el Padre Celestial sabía muy bien lo que me estaba sucediendo. La persona que no le sirve a Dios no tiene protección contra las fuerzas del mal. El que no le sirve a Dios, es esclavo de Satanás. Dios dijo algo así como: "Párate, que le voy a dar a Chegüi una oportunidad. Él me puede ser útil desde ahora y en el futuro. Liberaré al muchacho"; y le ordenó a Don Nogueras que avanzara hasta mi puerta con el Salmo de liberación espiritual. ¡Gloria a Dios!

¿Y usted, cómo se siente? ¿Habrá llegado a un punto en su vida donde se encuentra imposibilitado? Tal vez, ya alguna enfermedad física le hace sentir inútil; y está pensando que no vale la pena seguir viviendo. ¡Esas son mentiras de la fuerza que lo tiene atado! Aquí Dios le hace llegar este escrito con el mismo Espíritu que hizo llegar al Hermano Nogueras a la puerta de la habitación del Hermano

Chegüi y le recitó el Salmo 91. Aquí tiene mucho más que un Salmo. Tiene una vida entera resumida donde se observa la misericordia de Dios para con un ser humano.

¡No le ofrezca resistencia al Espíritu de Dios! Si quiere llorar, lloré. Si quiere doblar sus rodillas, dóblelas ante la presencia de Dios, quien en este mismo momento está esperando que se arrepienta. Él hizo que este libro llegue a sus manos porque le ama y lo espera. Después, no pierda tiempo a acérquese a una iglesia donde se predica a Cristo. Levante su mano y diga que le quiere dar su vida al Señor. Los hermanos se alegrarán por su decisión y en el cielo, los ángeles de Dios se gozarán.

Al otro día, y antes que pudiera contar mi experiencia, mi padre se preguntaba qué sería lo que motivó a Don Nogueras a venir a recitar un salmo en altas horas de la noche. Se enteró que el hombre cruzó una maleza y decía que había sentido una asignación especial de parte de Dios. Por eso comentaron que el viejo estaba volviéndose loco. Entonces, les conté lo que me había acontecido. Ellos se quedaron asombrados escuchando mi testimonio, y quizás reconsideraron sus comentarios de que posiblemente el anciano estaba perdiendo su capacidad mental. Les dije que Dios me dio una oportunidad y quería ir a la Iglesia a entregarle públicamente mi vida a Cristo, sin pérdida de tiempo.

Le pregunté a mi madre que a cuál de las dos iglesias del barrio me recomendaba que fuera. Ella me hizo escoger por mí mismo. Cuando llegó la noche, yo fui el primero en llegar al local de la Iglesia de Dios Incorporada. La misma iglesia a la que en compañía de otros muchachos perversos, le habíamos roto las luces de afuera con piedras, pues hacíamos competencia – no con los muchachos Matos ni Carmona, que valga la aclaración – para ver quién era el primero en romperla. Dios puso en mi corazón ir a esa iglesia.

El culto se llevó a cabo y se iba a terminar, sin que se ofreciera una oportunidad para que alguien hiciera un voto de fe. Esto es extraño que ocurra en las iglesias donde además de adorar al Señor, el principal propósito es salvar almas para Cristo. Pienso que como todos me conocían, no esperaban que alguien como yo se arrepintiera de corazón. Tal vez ya estaban cansados y mi presencia no significaba mucho para los que estaban a cargo del servicio, o simplemente me pasaron por desapercibido.

Con la experiencia de esa noche, muy bien podría irme preparando el Espíritu para indicarme que no llegaría a ser alguien reconocido por el hombre en el trabajo ministerial. Pero tenía una obligación delante del que me dio una oportunidad. Por eso, antes que oraran para despedirse, levanté la mano y dije que le quería entregar mi vida a Cristo. Los líderes a cargo, aunque estaban locos por irse, usaron la virtud de la paciencia y oraron por mí antes de terminar la reunión de adoración.

El pastor en ese tiempo era el Hermano Andrés Ávila, quien pastoreaba dos iglesias: la de Río Chiquito y la de Sabana. No era fácil atender dos iglesias, y a veces los cultos se daban sin la presencia del Pastor. El pastor Ávila no estuvo mucho tiempo más trabajando en Río Chiquito después de mi conversión, pues tenía que escoger una, y escogió a Sabana.

¡Qué lindo es estar en ese "primer amor"! Pronto todos notaron que mi decisión fue genuina. Era casi siempre el primero en llegar a los servicios y no me perdía un culto. Comencé a leer la Biblia con esmero. Oraba, ayunaba con frecuencia, y les hablaba a todas las personas con las que establecía contacto acerca de Dios.

Un día sufrí un dolor estomacal terrible. Por tanto ayunar, el vientre se me llenó de aire comprimido y no podía salir. Puse en práctica mi fe pidiéndole a Dios que me quitara el dolor. El dolor era recurrente. Se me aliviaba por un minuto o dos y me repetía más fuerte. El asunto era semejante a los dolores recurrentes que les da a las mujeres cuando están a punto de parir. Oré, tomé agua, tomé aceite de oliva, me apretaba la barriga, pero los gases no salían. Me puse de espaldas en el suelo y levanté los pies. Comencé a mover ambas piernas como si estuviera corriendo bicicleta, pero los gases no salían así tampoco. Por último, crucé las piernas varias veces de un lado y del otro. Gracias a Dios, por fin los gases al salir sonaban como una gigantesca bomba al vaciarse. Me asusté porque pensé que todo el aire no me debía salir y cubrí la abertura con los dedos, pero no los pude detener. Esta fue quizás solo otra ocasión en la que Dios me libró de morir porque todavía no era mi tiempo. En medio de tanta espiritualidad y tanta misericordia de Dios para con mi vida, me di cuenta que debía regresar a la escuela.

Regresé al noveno grado en el 1971, del cual me había salido unos dos años atrás de la Segunda Unidad de Sabana, cuando la directora era Alejandrina Ríos de Figueroa. Ahora estaba enamorado de Cristo, quien me proveía la salud y la ropa para asistir a la escuela. Los maestros se quedaron asombrados con el cambio que vieron en mi actitud. Del noveno grado recuerdo a Mr. Méndez, Ms. Rodríguez, Ms. Colón, Mr. Bonano y Mrs. Llanos. Terminé el noveno grado y pasé a la escuela superior Rafael N. Coca de Luquillo.

En Luquillo estudié comercio y disfruté la enseñanza de los maestros: Mrs. Marín, Mrs. Montalvo, Ms. Ferrer, Ms. Rodríguez, Mrs. Oyola, Mr. Encarnación, Mr. Ruiz y Mr. Martínez. Con especialidad, recuerdo a los maestros que comentaban algo que me hacía sentir orgulloso de mi Cristo. Por ejemplo, Mr. Encarnación, quien daba Estudios Sociales, me ponía de ejemplo ante el grupo diciendo: "Calderón va a llegar a ser alguien en la vida". El maestro de Historia de Puerto Rico, Mr. Martínez, decía que cuando mi grupo entraba, él sentía algo muy diferente que le proveía mucha paz en su corazón. Pero me puse triste cuando escuché a alguien decir – en tono de burla – que los cristianos creen que van a ir "y que para el Cielo".

Mientras cursaba la escuela superior, el Señor me permitió enamorarme de Lydia. Ella me hizo sufrir un poco antes de aceptar mi proposición amorosa. Eso estuvo muy bien de ella, pues me hizo trabajar o insistir para poderla conquistar. Un tiempo después, ella me dijo que una hermana de ella la había aconsejado diciéndole: "¡Dile que sí! ¿Tú no vez que Fulana y Zutana están locas por él, y es lo mejor que tenemos en Río Chiquito?" Gracias a Dios y a su hermana, una vez aceptado, Dios nos comenzó a preparar para un futuro significativo.

Terminé la escuela superior en el 1974 con tres puntos de promedio y solicité continuar estudios avanzados en el Colegio Universitario de la Universidad de Puerto Rico, recinto de Humacao.

No tengo idea de cuántas personas simpatizarán conmigo, pero pienso que a muchos les sucedió algo parecido. Me refiero al dilema que los estudiantes sufren cuando están terminando la escuela superior y tienen muchas decisiones que hacer. Son decisiones básicas que les afectarán para el resto de sus vidas. En el examen que cogí para entrar a la universidad, no saqué una puntuación muy alta, pero obtuve lo suficiente como para ser aceptado. Yo oraba y rogaba, "Dios mío, que me acepten, que me acepten". Tuve que esperar más tiempo que los que me aventajaban, pero finalmente fui aceptado en el grupo nocturno.

Comencé con las clases básicas de Pedagogía y con concentración en español. Cuando estaba finalizando el primer año, nos reunieron para recomendarnos que nos cambiásemos de concentración. Según el consejo, muchísimos maestros estaban sin empleo en Puerto Rico en esa área. Nos indicaron que otras opciones de estudio, como inglés o en contabilidad ofrecían mejores promesas. Como ya había sido introducido a la contabilidad en la escuela superior, decidí cambiarme de Pedagogía a Contabilidad. Saqué buenas notas en ese primer año, pero no sabía lo que me esperaba por cambiar la concentración y por cambiarme a diurno.

Poco antes de terminar el primer año en el colegio mi padre se molestó al enterarse de que me había cambiado de concentración, y me echó su "bendición" **diciéndome que no iba a llegar a ser alguien en la vida**. Al poco tiempo después, mi papá se fue para Connecticut para estar con su esposa y otros hijos, pero a los pocos meses murió.

Bueno Papi, la maldición que me echó Dios se la honró. Usted me dijo que nunca iba a llegar a ser alguien en la vida. Si con eso quiso decir, que nunca llegaría a ser rico, entonces la maldición me cayó porque nunca he sido rico, económicamente hablando. Si con eso quiso decir, que nunca llegaría a tener una gran profesión, como médico, o abogado, o ingeniero, etc., entonces su maldición me cayó. Solo quiero decirle, que sin tener el título profesional de un maestro, he ayudado a muchos que hoy son pastores y otros que son profesionales. Soy el padre de cuatro hijas que hasta hoy, me han dado seis nietos; y a ninguno de ellos le he echado maldiciones, sino solamente bendiciones. También le serví a mi nación (lo que usted nunca hizo) y escribí algunos libros que algún día ayudarán a otros tantos a servirle a Dios.

Mi amado lector, si usted es padre (o madre), tenga cuenta cómo le habla a sus hijos. Cualquier cosa que salga por su boca puede bendecir, o maldecir a las criaturas que Dios le dio. Hay algo extraño en todo esto, pero es verdad. Si maldice a sus hijos, estos serán malditos; y si los bendice, ellos serán bendecidos. Tome de ejemplo mi vida. Tengo una maestría en contabilidad, pero no gano como un contable. Tengo la capacidad de enseñar, y enseño; pero no recibo el ingreso que recibe un maestro. En mi caso escribo libros buenísimos, que llegarán a beneficiar a muchos, pero la maldición que me echó mi padre es imperiosa en mí, a pesar de la liberación que me dio el Señor. Mi padre me dijo que nunca llegaría a ser alguien en la vida. Pero Dios me dice que después de mi vida muchos serán bendecidos por mi legado.

Seguí luchando con las clases universitarias como por dos años más, mientras vivía solo en aquella casa. Estaba bien delgado. Sufría copiosamente, y hasta presentía la presencia de mi papá. Yo lo quería muchísimo, pero no quería volverlo a ver después que se murió. Pensaba que si lo veía, me iba a volver loco. ¿Me culpa usted por eso? ¿Dice que es que yo era miedoso? Tal vez tiene toda la razón. Admiro a todos aquellos que pasando algo similar a lo que yo sufrí, se pueden quedar tranquilos solitos y sin miedo. En mi caso, se me ocurrió cambiar los cuartos y la sala. Esto es, donde estaba la sala, puse una pared e hice un cuarto de dormitorio; y donde había un cuarto, hice una sala. Eso me ayudó muchísimo, gracias a Dios.

En aquellos días estaba bastante vulnerable y limitado. De hecho, un día cuando me preparé para bañarme, noté como un árbol de mango que estaba en el patio de la casa tembló con fuerza. Yo había hecho una casita para que las gallinas pusieran sus huevos en el tronco de aquel árbol. El temblor en el árbol fue tan fuerte, que la casita casi se cae. Lo extraño fue que el temblor se observó solamente en el árbol y en ninguna otra parte. En menos de una semana, ya el árbol se había secado. Cosas como estas me preocupaban porque parecía que algunas fuerzas espirituales me querían hacer daño. Lydia se dio cuenta de mi infortunio y me sugirió que nos casásemos.

No fui el primero en sugerir que nos casáramos porque no tenía dinero, ya que lo que hacía era estudiar. Creí que era el Señor dándome una alternativa para superarme. Lydia tenía unos ahorros y también su familia cooperó con todo lo que conllevó la boda. Su padre me quería muchísimo y yo lo apreciaba mucho a él. (Dicho sea de paso, Lydia es la más que se parece a su papá. Tanto así, que cualquiera que conocía a Don Ceferino y ve a Lydia, sabe que es hija de él). Nos casamos el día 23 de julio del 1977. El ministro que nos casó se llamaba (o se llama, si está vivo) el Reverendo Juan Cruz Gómez.

La boda fue bien sencillita. ¡Si vieran los pantalones que renté para la boda! Me quedaban larguísimos y casi los pisaba (nos puede ver, si le busca en el primer libro escrito en inglés). La misma familia de Lydia proveyó a los padrinos y las damas. Ángela y Luz Minerva salieron de damas. Tabita y Rafael Carmona salieron de padrinos. También Margarita Pimentel nos ayudó desfilando como dama. Lydia y yo no recordamos bien quiénes fueron los dos niños que nos ayudaron, posiblemente Nancy, la hija de Leida y Daniel, el hermano de Lydia. Gracias a Dios, y a los antes mencionados, Dios me proveyó una fiel compañera quien era una fantástica cocinera.

Como tenía una esposa que mantener, conseguí trabajo en construcción y continué los estudios de noche. Estaba luchando por obtener un grado asociado en contabilidad. Normalmente, este grado se obtenía en dos años. Ya llevaba tres años en la universidad y todavía no me graduaba. Traté de terminar, pero nuestra primera hija nació el 2 de septiembre de 1978 y no nos dejaba dormir. Con la combinación de trabajar a tiempo completo en construcción, viajar hasta Humacao para estudiar por las noches, y no poder dormir…, esta amalgama me obligó a dejar los estudios. Tres meses después de Haydeé haber nacido, decidimos mudarnos a los Estados Unidos.

Llegamos al apartamento que rentaba mi madre en Bridgeport, Connecticut a finales del 1978, precisamente en el tiempo de invierno.

A los pocos meses nos mudamos a nuestro propio apartamento. Buscando adaptación y mejoría económica, opté por estudiar en un programa del gobierno conocido como el ABCD. Allí desarrollé un poco más mis destrezas con el inglés y estudios generales. Al poco tiempo, el ABCD me empleó como asistente de contabilidad.

Una familia puertorriqueña nos ofreció que nos quedásemos en su casa porque la tenían en venta y se querían mudar para Puerto Rico. No teníamos que pagarles renta durante el tiempo en que la casita estuviera en proceso de ser comprada. Pero tenía un problema: estaba muy sucia. Recuerdo las paredes que estaban repletas con un moho verde el cual era difícil de remover debido a la humedad. La limpiamos lo mejor que pudimos y nos metimos allí por unos cuantos meses.

Estando en esas, Lydia se enfermó con una fiebre y le salieron unas ronchas en su cuerpo. Cuando la llevé al médico, nos enteramos que tenía unos tres meses de embarazo. Nos recomendaron que abortásemos al bebé, pues iba a nacer con muchos defectos físicos debido al sarampión alemán que Lydia contrajo. La cultura cristiana respeta la vida como un don de Dios y se nos enseña que procurar un aborto es pecado, ya que solo Dios tiene derecho de quitar la vida porque él fue quien la dio. Fue por esa razón que no aceptamos la idea y optamos por tener el bebé, naciera como naciera.

Quiero aprovechar y argumentar un poco acerca del tema del aborto porque le puede hacer útil a muchas personas. El decidir abortar, o no abortar, es un dilema para muchos. También es uno de los temas más difíciles y "calientes" en el mundo religioso y político de hoy día. No es mucho lo que voy a decir porque no estoy capacitado para ello. Sin embargo, puedo expresar mi opinión personal, así como cualquier persona puede hacerlo; y todos podemos diferir, por supuesto.

Si yo fuera mujer y quedara embarazada (bajo cualquier circunstancia), escogería que mi criatura viviera antes de abortarlo. Sí, aunque el médico me diga que si prefiero que la criatura viva he de morir en el proceso. Si fuera médico y tuviera que procesar un aborto, escogería el método que no haga sufrir dolor a la madre ni a la criatura. Como sé que es un tema difícil, solamente le recomiendo que se instruya bien antes de tomar una decisión de abortar a su criatura y/o antes de aprobar una ley que permita el aborto.

Uno de los buenos artículos que se han publicado al respecto lo escribió Anton Tupa para el "Jorurnal of Applied Philosohy" en febrero de 2009. Aun después de leer el artículo de Tupa no estoy convencido de favorecer el aborto, por causa de mis convicciones cristianas. Como le dije al principio, usted está en todo su derecho a diferir. Si lee bien el artículo mencionado (Tupa, A. 2009), lo más probable es que lo entienda mejor que yo. Decida lo que decida hacer con el milagro de Dios en su vientre, acuérdese que un día va a rendirle cuentas a su Creador.

El día 22 de febrero de 1980 Adelaida nació en un parto normal en el hospital de Bridgeport en Connecticut. Unos tres años después de estar trabajando para el ABCD, Inc., los programas del gobierno disminuyeron y quedé desempleado. Buscando alternativas, encontré que una buena opción era unirme a las fuerzas armadas.

Gracias al Todopoderoso, pude pasar los exámenes escritos y la evaluación física. Me enlisté el día 3 de octubre de 1983, cuando tenía 29 años de edad. Me ofrecieron la opción de ser paracaidista y la acepté. Realmente, no sabía que el nuevo empleo también consistiría en estar saltando de los aviones, pero me gustó la idea de que ganaría un poco más que los soldados que no aceptan esta opción. ¿Cómo que no sabía? Bueno, el oficial de reclutamiento me dijo la verdad. Me dijo, "te van a llevar en avión de un lado a otro para que realices tu trabajo". Eso fue lo que me dijo. Si me dice en ese momento que iba a estar saltando al vacío desde tres mil pies de altura, no lo hubiera aceptado.

El Entrenamiento Básico

Fui asignado al Fuerte Jackson en Carolina del Norte para recibir el entrenamiento básico. Llegué allí el 9 de diciembre de 1983 junto a otro número de individuos, quienes algunos de ellos – al igual que yo – teníamos el cabello largo y la barriga bastante sobresaliente. Cada vez que veo a alguien con la misma forma del cuerpo que yo tenía, me dan deseos de decirle que se enliste en el ejército. Pero a diferencia de mí, muchos de los que veo parecen estar muy serios y como que no quieren que un extraño les hable.

Recuerdo la fila que hicimos cuando nos iban a recortar. Esperábamos en el turno y nos permitían entrar y pasar según terminaba uno de los barberos. El barbero me preguntó cómo quería el recorte y le expliqué lo mejor que pude. Con una sonrisa burlona, no me hizo caso y me cortó todo el cabello, como decimos en Puerto Rico, "a raspa coco" Cuando mi barbero estaba terminando conmigo, escuché al otro barbero hacerle la misma pregunta a otro soldado que terminaba de entrar. También vi cómo le cortaba toda aquella hermosa melena al asombrado joven, quien también quedó a "raspa coco".

Los primeros días fueron bastantes intimidantes para mí. Nos dejaron ver cómo un entrenador desarmaba con mucha rapidez y destreza un rifle al que no se nos permitía llamar "rifle", sino "weapon", que en español se traduce "arma". Fue intimidante porque dudé si yo podría hacerlo; y se nos dijo que todos tendríamos que aprender, sin pérdida de tiempo.

Después de seguir las instrucciones del entrenador, se nos permitió practicar haciendo lo mismo una y otra vez desarmando y armando el arma. Naturalmente, algunos probaron ser más rápidos que otros al ganar competencias con esta destreza. Nunca pude ser tan rápido así como los mejores, pero sí aprendí a desarmar y a tener el arma lista con bastante rapidez.

A veces no entendía bien las instrucciones, debido al inglés; y pagaba un precio por mi ignorancia. Por ejemplo, nos llevaron a la pista a correr cuatro millas – que eran ocho vueltas alrededor de la pista – pero creía que era una competencia de una sola rotación. Pensé que estaba en mejor condición física que mis compañeros, porque terminé el primer giro primero que los demás. Pero el Sargento de entrenamiento me gritó mientras me mostraba siete de sus dedos, diciendo: "Te faltan siete vueltas".

Comenzaron a pasarme los demás, y ya casi no podía respirar. Por la misericordia de Dios "agarré el aire" y con mucha agonía logré dar las dichosas ocho vueltas. Ya todos estaban sentados, mirándome y esperando que terminara. No tuve la dicha de poder descansar como lo hicieron ellos, pues inmediatamente nos marcharon hasta el edificio donde dormiríamos.

Poco a poco me seguí adaptando al nuevo ambiente. Me ayudó muchísimo el hecho de que en los domingos nos permitían asistir al servicio religioso con el Capellán. Indudablemente, pude demostrar mi fe cristiana de varias formas. Cuando se nos daba un periodo de descanso, en lugar de unirme al grupo que fumaba, me unía con los que no lo hacían. Nunca de mi boca alguien pudo escuchar una palabra que demostrara falta de respeto por el precioso nombre de Dios; a quien escuchaba ser maldecido con frecuencia.

Por las noches, me levantaba a orar cuando pensaba que todos dormían. Pero evidentemente, alguien me veía. Un día el Sargento me llamó la atención delante de todos.

Me dijo: "Rodríguez, me dicen que te estás levantando a orar por las noches".

Le contesté, "Sí, Sargento" (pensé que me iba a castigar de alguna forma).

Me dijo: "Ora por mí, Rodríguez, ora por mí".

Tal parece que los que le dieron la queja al entrenador de haberme visto orando, se llevaron una sorpresa al ver que no fui humillado sino más bien enaltecido.

Esa fue una buena acción del Sargento. No volví a percibir otra buena impresión de los dos sargentos que nos entrenaban hasta que se terminó el entrenamiento unos dos meses después. Ellos nos demostraron que no eran tan bruscos, ni tan serios como nos habían dado la impresión de ser. Entendimos, que si queríamos ser buenos soldados, teníamos que demostrar que podíamos resistir sanamente los peores de los casos. Aprendimos que algunas personas no están capacitadas para llegar a ser buenos soldados. Se rindieron antes de terminar el proceso de preparación, o fueron expulsados por su mal comportamiento. Pero la mayoría de los que comenzamos juntos, logramos graduarnos del entrenamiento básico.

Cuando terminó ese primer entrenamiento, ya yo estaba en tremenda condición física. Por poco gano una competencia, pero en realidad no merecí ganar. Fue el último entrenamiento al que le llamaban "the obstacle course". Competimos cientos de soldados. Con orgullo digo que logré pasar primero que los demás todos los obstáculos, menos el último. Increíblemente, aún siendo mayor que la mayoría de los demás soldados, tuve más ligereza y destreza para pasar todos los obstáculos, hasta que llegué al último. Tal vez por eso llegué primero al último obstáculo. Es posible que otros lo sabían y fueron más inteligentes reservando sus energías para el final. Lo que sucedió fue que cuando llegué al último reto (subir por una soga como quince pies) cuando llevaba como doce pies, resbalé y me caí. Traté de subir otra vez, pero las fuerzas no me dieron ni para llegar a diez pies. Fue entonces cuando los que estaban atrás, comenzaron a llegar a la soga; y más de cincuenta de ellos lograron subir antes que yo recuperara mis fuerzas. Aun así no fui el último, pues otros nunca pudieron subir.

Antes de comenzar con el próximo entrenamiento (el entrenamiento individual avanzado) nos permitieron tres días libres cuando pudimos regresar para estar con nuestros familiares y amigos. Los que me vieron, me dijeron que "Chegüi había desaparecido" (porque me vieron delgado, sin la panza y sin los cachetes gordos que tenía antes de entrar a las Fuerzas Armadas). Para ellos, parecía ser otra persona. Esto es solo parte de lo que te espera, si te enlistas en el ejército hermanito(a). Pero no me arrepiento de ello.

El Entrenamiento Individual Avanzado

En enero de 1984 fuimos asignados al Fort Lee de Virginia donde tomamos el entrenamiento conocido como el "Advanced Individual Training". Allí nos sentíamos un poco más aliviados de la presión dura que encontramos en "Basic Training". Teníamos que correr muchísimo, pero había un poco más de libertad para socializar con la población civil. Había iglesias en la comunidad las cuales se preocupaban por ayudarnos a adorar a Dios (aquellos que queríamos, por supuesto). Por otro lado, algunos hasta se enamoraron y consiguieron sus parejitas; pero nos aconsejaron, o advirtieron que mantuviéramos nuestras relaciones personales limitadas porque ese no era nuestra estación permanente.

Algo que me impresionó mucho, además de la calidad de nuestro entrenamiento, fue una carrera que dimos de unas ocho millas. El capitán nos dirigía y nos motivaba a completar la carrera, cuando ya muchos de los soldados habían dejado de correr. Me asombraron algunos de ellos que eran bien musculosos, pero después de haber corrido unas cuatro millas, no pudieron llegar al final. De tantos soldados que comenzamos, solamente 13 lo logramos, incluyendo al Capitán.

El Capitán aprovechó para felicitarnos y decirnos que si hubiese sido en una guerra en la cual tuviésemos que correr mucho para poder salvarnos, esta era una buena indicación de que nosotros seríamos los sobrevivientes.

Uno de los entrenadores de la escuela, en este entrenamiento avanzado, me impresionó un día con su comentario que vino acompañado de una risa burlona.

Me preguntó: "¿Rodriguez, te enlistaste con los paracaidistas?"

Le contesté: "Sí, señor".

No me respondió palabra, pero se rio: "Ha, ha, ha...", como diciéndome: No sabes lo que te espera.

En la Escuela de Paracaidismo

Pronto comenzamos la escuela de paracaidismo en Fort Benin, Georgia. Lo que llamamos el "Jump School" es el entrenamiento más demandante física y mentalmente por los que crucé en mi experiencia militar.

Todo era intimidante. Observaba desde el suelo una torre alta de donde nos lanzaban como un simulacro para cuando saltáramos desde un avión o desde un helicóptero. La torre solamente me daba miedo. Imagínese cómo me sentía cada vez que pensaba que tendría que saltar desde las nubes, si tan solo la dichosa torre me asustaba; y tal parece ser que yo no era el único que se sentía igual, porque lo observaba en el rostro de algunos compañeros. ¿Por qué continué con este entrenamiento, sí ahora sabía muy bien de qué se trataba?

¡Algunos se retiraron cuando fueron intimidados por la altura de la torre! Recuerdo el lugar seleccionado donde esperaba un líder militar por aquellos que les llamábamos "quitters". Vi un grupito irse. Aunque le llamaran desertores o cobardes, no les importó y prefirieron irse. Notaba que los que nos quedamos, teníamos mucho deseo de cumplir el nuevo reto sin "rajarnos" (como dicen en Puerto Rico).

Confieso que no era de los mejores. Vi a muchos compañeros terminar el entrenamiento una semana antes que yo. Tuve dificultad aprendiendo los aterrizajes. No me sentí tan mal, ni celoso de los que pudieron aprobar primero, porque yo no era el único. También vi tenientes y capitanes – que nunca habían tenido este entrenamiento – repetir las clases junto conmigo; y eso era alentador. Nos demostraron cómo era que había que caer desde todas las posiciones posibles. Podía mantener mis pies unidos, si me soltaban hacia el frente; pero si me dejaban caer de espaldas o hacia uno de los lados, azotaba demasiado duro el suelo y con los pies separados, lo cual no era aceptable.

En un fin de semana, me puse a practicar dejándome caer desde un árbol porque quería estar listo cuando me dieran la oportunidad de pasar la prueba otra vez. ¡Gracias a Dios, y las prácticas que resultaron ser favorables, pues pasé las caídas satisfactoriamente en la próxima semana! Cuando todos terminamos las pruebas, entonces nos llevaron a saltar desde el avión.

¡Dios mío, qué susto! La primera vez que salté estaba tan nervioso, que me encontré soplando mi muñeca donde tenía un reloj. Suspiraba corta y repetidamente así como les dicen a las mujeres que respiren cuando están a punto de parir. Pero pronto, la actitud de los demás me ayudó a dejar de soplar y ponerme a gritar con ellos (no que ellos gritaran de miedo, sino de motivación ruidosa, algo así como: Ju, ju, ju; Ju, ju, ju…). Bueno, trataba de gritar con ellos, pero pienso que apenas salía un ruidito por mi boca. Por lo menos soy sincero, caramba; y eso es lo que le espera si se atreve enlistarse con los paracaidistas.

Recuerdo los momentos de preparación en el aeropuerto militar. Allí los "Riggers" demostraban sus destrezas al asegurarse que cada soldado tenía su equipo correctamente preparado y colocado en el cuerpo. El soldado carga con más de 45 libras, sin contar el peso de las botas, del rifle, y de otras cosas. Ya dentro del avión, y en el momento de saltar, estábamos de pie y alineados esperando que la luz roja cambiara a verde y los líderes "Jump Masters" nos ordenaran que saltásemos, diciendo: ¡"Green light, go"!

Cuando por fin llegó mi turno para saltar (créame que ya yo quería salir de allí) y salté, el paracaídas se abrió en menos de tres segundos. Era inmensamente grande y redondo. Se veía con un color verde claro preciosísimo. Me sentí suspendido en el aire, pues no sentía que bajaba. ¡Todo estaba tan silencioso! Por unos momentos, esto me preocupó y comencé a levantar los pies y haciendo como si pudiera empujarme hacia abajo. Segundos después el inolvidable paracaídas me permitió sentir que bajaba. Me gustan las nubes, pero no me quería quedar allá. Como al minuto, vi los árboles abajo, los cuales pensé que eran plantitas de tomates. Gracias a Dios, los árboles quedaron hacia el lado y aterricé en la zona arenosa con mucha destreza y facilidad.

Una vez en el suelo, observaba a los demás soldados saliendo del avión como si fueran balas humanas. Me sentía que era un héroe. Ese cambio de ambiente es admirable. Dentro del avión se escucha mucho el ruido de los motores y el avión cortando por el aire con muchísima rapidez. Pero en el suelo, todo es silencioso y tranquilo. Seguí las instrucciones provistas en el entrenamiento. Recogí el paracaídas, lo empaqué, busqué el punto de reunión, y nos felicitamos unos a otros.

Luego de lograr los requeridos saltos desde los aviones, tuvimos que saltar desde un helicóptero para poder recibir la certificación completa. Me sentí mucho más tranquilo y seguro cuando salté desde el helicóptero. Este se queda como detenido en el espacio, y el soldado puede saltar con muchísima facilidad; pues solo hay que dejarse caer al vacío. Por otro lado, en el avión hay que saltar duro hacia afuera para que el paracaídas logre abrir bien. Solamente me ocurrió una vez en los 84 saltos que di mucho más tarde en esta unidad de paracaidistas. Recuerdo hacer como que corría bicicletas hasta que las cuerdas se desenredaron y aterricé cómodamente.

Luego de hacer todos los saltos requeridos, nos dieron nuestras "alas" en la ceremonia de graduación. El día 5 de abril de 1984 nos dieron nuestro diploma ¡Qué emocionante! Ya no nos decían "legs" porque éramos paracaidistas. ¡Esto es lo que le espera si se une a los paracaidistas y logra graduarse!

Nos mudamos a Carolina del Norte

En mayo de 1984 nos asignaron a la Compañía E de la "782ⁿᵈ Maintenance Battalion". Nos trajeron directo a nuestra estación permanente desde "Fort Benin" hasta "Fort Bragg", en Carolina del Norte.

En par de semanas, se me permitió ir a Connecticut a buscar mi familia y tráela a Spring Lake, North Carolina. Renté un camión de la U-Haul, pero no lo sabía manejar, por ser de transmisión estándar. Un hermano de la Iglesia (Jesús Quintero) me hizo el favor de traer el camión hasta mi residencia en Bridgeport. Él me dio un par de prácticas y se aseguró que yo supiera cómo entrar a la autopista que va hacia el sur desde Bridgeport, Connecticut.

Entre Lydia, Linda y yo pusimos toda nuestra mudanza dentro del camión y partimos hacia nuestro destino. Puedo garantizarle a cualquier persona que si quiere aprender a manejar un camión cuya transmisión es estándar, que si hace algo parecido a lo que hice, aprende porque aprende.

Con bastante dificultad, logré unirme a la autopista 95 South. Poco antes de abordarla, el camión estaba haciendo muchísimo ruido cada vez que tenía que detenerme y arrancar otra vez. El vehículo daba "jalones" (movimientos bruscos al arrancar) y se me iba un poco hacia atrás. Por la misericordia de Dios, no llegué a tener un accidente dándole un golpetazo a ningunos de los automóviles de los desafortunados conductores a los que les tocó venir detrás de mí. Recuerdo los bocinazos de los preocupados porque el camión les iba a dar.

Cuando crucé por New York, todavía tenía un poco de dificultad arrancando el camión; pero los muchos peajes me sirvieron de práctica. El camino nos pareció mucho más largo de lo que en verdad es. En ese entonces no teníamos celulares ni otra ayuda de la tecnología como las que existen hoy día. Mirábamos un mapa enorme que conseguimos en una gasolinera y nos preocupábamos por mantenernos en la 95 que continuaba hacia el sur.

Llegó un punto donde no sabíamos cómo continuar nuestro viaje y le preguntamos a un americano que hacia dónde estaba Fayetteville. El hombre no entendía lo que le preguntábamos porque lo pronunciamos mal. Lo decíamos tal y como se lee en español. Tuve que enseñarle el nombre del lugar escrito. El hombre lo pronunció correctamente en inglés y nos dijo hacia donde seguir.

Cuando llegamos a Carolina del Norte, ya era un experto manejando el camión; y tanto Lydia como yo sabíamos pronunciar correctamente el nombre de Fayetteville. Un sargento militar fue asignado para ayudarnos a bajar la mudanza y colocarla dentro de la pequeña casita que alquilé en el 201 de Elizabeth Street en Spring Lake, North Carolina.

En Spring Lake, North Carolina

Tuvimos que limpiar la casita, pues parecía que el dueño no tenía mucho empeño en alquilarla. Al otro lado de la calle vivía una familia muy buena quien nos ofreció su amistad y nos dio la mano. Estos eran los Galloway. El señor Galloway nos invitó para su Iglesia y nos unimos al grupo que pastoreaba una morena de nombre Dorotea.

Me gustaba muchísimo la iglesita, pero Lydia decía que no podía participar como a ella le gusta hacer debido a su dificultad con el idioma. A los pocos meses, un hermano de la iglesia local hispana, el Hermano Soto, nos ofreció su iglesia. Por consideración a Lydia acepté la invitación. Hablé con los Galloway y le expliqué la situación. Pronto nos hicimos miembros de la Iglesia Capilla Cristo Redentor la cual pastoreaba el reverendo Ricardo Preciado en Spring Lake.

El pastor Preciado descubrió mi pequeña habilidad de tocar la guitarra y me permitió servir con los músicos de la Iglesia. También me asignaba a predicar de vez en cuando y hasta me puso a dar clases en el Instituto. Le doy gracias a Dios que me permitió adorar en una iglesia bajo el cuidado de un pastor de la calidad del Hermano Ricardo Preciado. No trabajó por interés económico y "no le ponía bozal al buey que trilla", que son dos de los asuntos que muchísimos líderes de hoy día fracasan en llevar a cabo. Su capacidad para dirigir una iglesia era admirable. El pastor hablaba perfectamente el inglés y el español, y con él aprendí muchísimo de las Sagradas Escrituras, entre otras cosas.

Cuando el hermano Preciado tuvo que retirarse, me asignó como líder de la Iglesia. Estar a cargo de una iglesia no es una tarea fácil. Los miembros de la Junta con toda la Iglesia oraron por mí al frente para aceptarme como el encargado. Sin embargo, tan pronto como el pastor saliente se fue, demostraron que no habían estado de acuerdo con la decisión.

No entendía cómo puede haber hermanos que no respetaban mi posición. Los diáconos de la iglesia argumentaron que no todos tenemos ese llamado de Dios para ser líderes. Yo estaba de acuerdo con ese argumento porque es cierto, no todos estamos llamados a ser pastores. Me decían que yo no podía ser el líder porque tenía una niña lisiada. ¡Qué falta de respeto ante la ley de Dios! ¿A caso el tremendo pastor no podía darse cuenta que mi hija impedida me prohibiría poder liderar en la iglesia, si era que ellos tenían razón? ¿Por qué no argumentaron eso con el pastor saliente antes que se fuera?

A pesar de la oposición, hice lo mejor que pude por cumplir y honrar la voluntad de Dios con limpia consciencia. En medio de la oposición logré comunicarme con el pastor, quien me aconsejó y me ayudó a enfrentar los retos de esta responsabilidad.

De todas maneras, no duré mucho con este título porque pronto tuve que partir hacia el Golfo Pérsico en una asignación militar. Dios tenía en el horizonte capacitarme mejor para llegar a ser un escritor y no necesariamente un pastor. Le doy gracias por ello. Es interesante observar que ninguno de los que se me oponían llegó a superarse en el ministerio. Supe que uno de ellos murió de cáncer y los demás se dispersaron.

Solo un año después de haber llegado a Spring Lake, nació Josephine, mi tercera hija. Ella nació el 29 de noviembre de 1985. Los Galloway nos hicieron el favor de cuidar de Haydeé mientras Lydia era atendida en el Cape Fear Valley Hospital de Fayetteville. Fue un verdadero reto para nosotros poder lidiar con tres hijas, pues la mayor le cogió celos a la recién nacida. Nosotros, siendo novatos, no hicimos lo mejor que una pareja bien educada puede hacer en estos asuntos; pero gracias a Dios la familia continuó creciendo normalmente y sin serios problemas.

Encontramos para Adelaida una buena escuela en Greensboro, North Carolina. El gobierno también proveyó los gastos de transportación para ella. Ella estaba con nosotros los fines de semana, pero la semana entera estaba recluida en North Carolina School for the Deaf en Greensboro.

En aquellos días no tenía transportación propia. Iba a las formaciones militares y cumplía con mi trabajo en el servicio, pero llegaba en una bicicleta. A mi esposa le daba pena verme ir cada mañana, todavía obscuro, montado en una bicicleta con todos los equipos que necesitaba cargar. A veces llovía. En el invierno podía haber nieve, pero de todas maneras llegaba a mi destino porque no era tan lejos (unas diez o doce millas). ¡Con razón me mantenía en tan buena forma física!

Nos mudamos a la base militar

Estuve en una lista para ocupar unas de las residencias de la base militar durante unos dos años. A pesar de que el tener una hija impedida me ponía al frente de otros que no tenían este problema, con todo y eso la espera duró más o menos dos años.

Tan pronto me dieron la orden para mudarme a la base, nos mudamos para el 108 de North Lucas en Fort Bragg. Mientras vivíamos allí fue que nació Verónica el día 15 de julio de 1987. Unos dos meses antes (el 26 de mayo de 1987) sufrí una caída desde la cumbre de un árbol cuando me rompí un hueso flexible que está cerca del tobillo izquierdo. Sí, fue en un salto desde el avión militar en una noche desafortunada para mí.

Cuando el paracaídas hizo contacto con el árbol, se sintió suavecito. El problema fue que todavía estaba bastante despegado del suelo. No podía alcanzar alguna rama; y si había alguna no podía verla porque estaba demasiado obscuro. Después de un largo rato, la rama que me sostenía cedió debido al peso y caí con fuerza al suelo. El pie izquierdo fue el que recibió el mayor impacto y un hueso que supuestamente es bien flexible (según el Doctor) fue el más que se averió.

¡El dolor fue terrible! ¿Se ha roto usted algún hueso alguna vez? Eso no se lo deseo a nadie. Era tan penoso, que pensaba que estaba en una guerra y pedía en alta voz que alguien me matara. Gracias a Dios no había enemigo alguno por allí quien pudiera matarme. Llamaba continuamente a Dios, a mi madre y a mi esposa. Esos tres seres eran los únicos que recordaba mientras pasaba por el dolor más intenso.

Después de varias horas, escuché una voz a la distancia de alguien que me buscaba. Respondí y me pidieron que siguiera llamando para poderme encontrar. Por fin tres soldados llegaron donde mí, y el más grande de ellos me colocó sobre su hombro y me sacó hasta donde estaba el camión con los demás paracaidistas esperando. Me quitaron la bota y me dieron unas pastillas contra el dolor.

Luego de eso, fui puesto a hacer solamente guardia por unos cuantos meses en lo que me reponía, pues tenía toda la pierna con yeso y usaba muletas.

Gracias a la intervención de un nuevo Comandante en la compañía donde tuve que hacer tantas guardias, el 12 de abril de 1988 fui transferido a una compañía de mantenimiento donde no era requisito tener que volver a saltar. Aquí tuve la oportunidad de continuar estudios y logré graduarme del entonces conocido Colegio Metodista de Fayetteville de un asociado en contabilidad. Fui el primer puertorriqueño en graduarse de ese colegio. Por eso tuve el honor de presentar la bandera de Puerto Rico al Presidente y a la Facultad del colegio en la graduación.

El doctor bregó con mi pie unas dos veces más, una en agosto 29 del 1988 y la otra en febrero 22 de 1990. Estas operaciones se sentían tan dolorosas como cuando me rompí el pie el primer día. Recuerdo cuando estaba despertando de la anestesia. La enfermera insistía que yo podía controlar el dolor con mi mente. Yo le dije que no estaba en mi mente, sino en el pie. Entonces, ella sonrió y me dio medicina para ayudarme con el dolor.

El 15 de octubre de 1990 mi compañía fue enviada a la Arabia Saudita. Tan pronto llegamos, comencé a orar para que lloviera. Pero no llovió en los seis meses que estuvimos por allá. El día en el que regresamos, Dios me permitió sentir unas gotitas de agua y parecía que por fin iba a llover.

Tal vez mi estadía en la Arabia hizo que yo cambiara mi sentir hacia la apreciación por las mujeres en general. Me explico. Antes de ir, no me atraían las mujeres gruesas o menos atractivas. Estas tenían que ser jóvenes, no gruesas, y tenían que ser bonitas. Sin embargo, desde que llegué de la Arabia, todas son atractivas: jóvenes, hermosas, adultas, flaquitas, gorditas, y todas las demás.

Eso no está mal. Es bueno que aprendamos apreciar la belleza de los demás que no está marcada solamente por la apariencia física. Hay otra belleza que es mucho más importante: La belleza interna de la persona.

Quiero que todos mis lectores entiendan que el ser humano, es humano y lo demuestra en las circunstancias apropiadas. Hay que ser un verdadero cristiano, o tener fuertes convicciones morales para uno poder comportarse moralmente en circunstancias como esta. Vi muchas mujeres de mi campamento, que eran casadas y sus esposos no estaban con ellas, que salieron preñadas en el Golfo Pérsico. Estas fueron regresadas a los Estados Unidos porque no podían permanecer en la guerra bajo esas condiciones.

Haciendo guardia por las noches, escuchaba el ruido dentro de los camiones que se meneaban al ritmo de los que hacían el amor, pues tal parecía que los que tenían más autoridad se aprovechaban de los de menos poder para convencerlos y hacer el amor.

¿Cuántos matrimonios no se rompieron por causa de la infidelidad de sus parejas cuando estos fueron separados por la guerra? ¡Muchísimos! En mi compañía, vi a un Sargento llorando porque se enteró que su esposa ya estaba con otro.

El asunto no era fácil. Yo mismo, que creía que satisfacer la necesidad sexual sin la ayuda de la pareja legal era pecado, tuve que ir al médico con un dolor en el área de mis órganos sexuales. Yo pensaba que tenía una hernia, o algo parecido.

El doctor me preguntó: "¿Cuánto tiempo hace que no haces el amor?"

Le respondí: "Hace como tres meses".

Me respondió: "Tienes que buscar la forma de aliviarte tú mismo".

Miré a las jóvenes asistentes del doctor, quienes se veían asombrosamente atractivas. Me sentí avergonzado porque el doctor me tuvo que decir que me aliviara yo mismo.

Al regresar a la compañía, el que estaba a mi cargo me preguntó cómo salí con el médico, y le conté.

Él se rio de mí, y me preguntó: "¿Sabes cómo aliviarte tú mismo, Rodríguez? Y continuó riéndose y comunicándoles mi dilema a los demás.

Esto se escucha medio tonto, pero es algo que usted debe considerar si se une al ejército. Son cosas que suceden y que tienen una gran importancia en nuestra vida física y moral. Esta decisión puede unir a su familia, o desunirla, en conformidad con las decisiones que tome y en su manera de comportarse.

Cuando iba para el cuarto mes de estar en la Arabia Saudita, el Comandante de mi compañía me hizo llegar una noticia de la Cruz Roja que mi hija Josephine estaba recluida en el hospital. Ella solamente tenía unos cinco años de edad, pero extrañaba tanto a su papá, quien siempre la ayudaba a dormirse en su falda, que se enfermó. El asunto era grave, pero de la única forma que me traían a Carolina del Norte, era si ella se moría.

Toda esta tención pareció contribuir a que me sintiera deprimido. Es bien difícil que me llegue a sentir tan lleno de estrés que se me ocurra pensar en quitarme la vida. Se me complicó el dolor en el pie izquierdo con problemas de úlcera estomacal, con la preocupación de la guerra, y para colmo de males, ahora una de mis hijas estaba a punto de morirse. Lo que hice fue reprender en el nombre de Jesús los malos pensamientos y me puse a orar. Mientras los demás usaban de su tiempo libre para jugar barajas y otras cosas, me iba a una esquinita a leer la Palabra de Dios

Fue bueno que leyera la Biblia. Fue bueno que orara. Descubrí que en mi mente no pueden ocurrir malos pensamientos a la misma vez que oro o que leo la Santa Escritura. Tuve el éxito porque

Dios estuvo conmigo y me ayudó. La lectura bíblica me sirvió de muchísima consolación. Cuando leí la parte que dice: "No alzará más espada nación contra nación, ni se prepararán más para la guerra", me impactó muchísimo. Observé cómo Dios nos habla directamente a través de un libro que se escribió hace tantos años. Gracias a Dios no tuve que matar a nadie. Nos dijeron que los de la Fuerza Aérea habían obliterado la resistencia enemiga y no tendríamos que enfrentarnos cuerpo a cuerpo contra el enemigo.

¿Estaría yo dispuesto a matar a alguien, siendo cristiano? Si es en una guerra, sí. Si es defendiendo a mi familia contra algún intruso, sí. De otra manera, sería un cobarde. Dios me ha dado la responsabilidad de defender a mi familia y a mi nación "con uñas y dientes", si es necesario. Usted tiene la responsabilidad de hacer lo mismo, sea cristiano o no. Ponga alarmas en su casa. Cómprese un arma de fuego. Planee cómo ha de proteger a su familia. Si no lo hace, usted no es un hombre o una mujer de fe, usted lo que es, es un cobarde irresponsable e inmaduro.

Si alguien me preguntara cuáles fueron las cinco cosas más penosas que pasé en esos seis meses cuando estuve en la Arabia Saudita, contestaría lo siguiente: 1) Un líder me asignó vaciar un vagón lleno con el equipo de todos los soldados, como si fuera un castigo, pero sin yo haber hecho algo malo. 2) Estar tan lejos de mi familia cuando mi hija Josie casi se muere en el hospital porque no podía respirar bien. 3) Haber sido el elegido para que me quitara la máscara protectora contra el gas venenoso para ver si había seguridad de que no había veneno en el aire. 4) Que no se me permitió abordar un autobús el cual llevó a casi todos los soldados a hacer cierta celebración por la victoria en la guerra. 5) Estar seis meses lejos de mi familia.

Si alguien me preguntara cuáles fueron las cinco cosas que más me gustaron mientras estuve en la Arabia, diría lo siguiente: 1) Que otro líder observó el abuso que yo sufría al vaciar el vagón yo solo y me dijo que descansara. También le ordenó a un grupo de soldados a terminar el trabajo. 2) Que todos recibíamos correspondencias de los familiares, de amigos, y hasta de desconocidos. 3) Que se nos permitía leer la Biblia y asistir los domingos a la adoración con el Capellán. 4) La buena alimentación, refrigerios y el cuidado médico. 5) Cuando nos trajeron de regreso a Fort Bragg en abril del 1991

Cuando regresamos de la Arabia, llegué de sorpresa al apartamento militar donde residía con mi familia. Me esposa se asombró al verme llegar porque ella tenía planes de irme a recibir, pero alguien le dijo (o ella entendió) la hora equivocada. Muchos se fueron con sus familiares quienes llegaron a recibirlos, mientras que otros pocos caminamos con nuestros paquetes hasta nuestro destino.

El día 23 de enero de 1992 fui transferido a una unidad de retenimiento. Es una unidad donde se les da la oportunidad a los soldados a dejar el servicio militar debido a un problema médico. Todavía con el problema del pie operado, se me daba la opción de quedarme. Me trataron bien en esta unidad. Pasaba los días ayudando en el hospital, donde recibí hasta una medalla de honor por mi dedicación. Una señora que estaba encinta (la inolvidable Emmy), me instruyó muchísimo para que pudiera sentirme bien y ser verdaderamente útil mientras ayudaba allí. En el oportuno momento, me fui terminantemente a Puerto Rico.

Algo de lo Bueno

El día tres de abril de 1992 llegamos a Puerto Rico. Cinco de las cosas buenas que experimentamos fueron: 1) La familia nos proveyó un lugar donde vivir sin tener que pagar renta. 2) Tenía mis ahorritos y cobraba beneficios por desempleo. 3) Estuvimos activos en la iglesia que tanto nos gustaba 4) Teníamos mucha familia cerca. 5) Las niñas sabían inglés y estaban bien adelantadas escolarmente.

Algo de lo malo

Lamentablemente, después que se me terminó el periodo de gracia para re-enlistar, fue que nos dimos cuenta que el cambio fue desfavorable. Lo que lamentamos primeramente fue que nuestra hija mayor se nos reveló por su frustración en Puerto Rico. La escuela no era un reto para ella y a veces se encontraba corrigiendo a sus maestros. Ella había estado acostumbrada a una buena vida mientras vivíamos bajo la sombra militar, pero se mantuvo reservada con la inconformidad del cambio, hasta que tal parece que no pudo más y se nos fue solita para los Estados Unidos.

También lamentamos que nos llegamos a sentir abandonados cuando observábamos cómo todos los residentes tenían la habilidad para preparase contra los vientos huracanados, contra la abundancia de mosquitos, y la amistad que tenían con los del servicio público que los hacía ser favorecidos. Por ejemplo, un día cuando todos los residentes necesitábamos agua porque el servicio eléctrico estaba interrumpido, la ciudad envió unos camiones repartiendo agua. Nos sorprendió que nuestra residencia fuera pasada por alto y le dieron agua a otro vecino que conocían mejor. Aunque luego regresaron a traernos agua, entendimos el mensaje bastante bien.

¡No, no fue que cometieron un error de humanos porque no se dieron cuenta! Ellos nos vieron esperando por el agua y nos dijeron que como les quedaba poca agua, deberían atender primero a su amigo y que luego regresarían con más. Vivimos a sangre fría lo que pude explicar a cerca del asunto de la **marginalización**, con buenas referencias y todo, en el libro electrónico que encuentra en Amazon titulado, "Diez de los asuntos que nos conviene entender" y que publiqué en octubre 17 de 2015.

Otras cosas buenas y otras cosas malas
¿Cómo clasificaría lo siguiente, amado lector?
Tratando de re-enlistar

Cuando ya era demasiado tarde, traté de re-enlistar en el ejército. Tomé el examencito y lo pasé.

Cuando estaba en la parte física, el doctor me preguntó: "¿Qué te sucedió en el pie?"

Le contesté: "Me rompí este hueso flexible en el salto número 83 cuando estaba en la 82nd Airborne División y el doctor Loud me operó".

Abrió los ojos hasta más no poder, y me dijo: "No puedes volver a entrar al ejército". También me preguntó por qué no se lo dije al reclutador. Le dije que porque no me había preguntado.

Cuando salí del lugar, observé que el reclutador se me quedó mirando molesto.

Porciento por incapacidad

Luego de una larga espera, el servicio a los veteranos me aprobó un 30 por ciento por incapacidad. Unos años más tarde, me lo subieron a 40 por ciento. Tal parece ser que este es un beneficio de por vida porque el pie izquierdo desarrolló artritis en el lugar afectado. Alguien me dijo que este tipo de problemas nunca se cura por completo, sino que se empeora a medida que el paciente envejece.

Logré obtener un bachillerato

Con los beneficios del Capítulo 31 que ayuda a los veteranos, logré graduarme de la Universidad Interamericana de Fajardo, Puerto Rico en el 1995. Completé un bachillerato en contabilidad y me gradué con altos honores. Solamente una estudiante obtuvo una puntuación un poco más alta que la mía, la hermosísima y talentosa Maribel Lima Smith. ¿Dónde estará ella ahora? ¡Qué bien nos llevábamos cuando éramos compañeros de estudio! Ambos nos graduamos summa cum laude, gracias a Dios.

También echo de menos a la profesora Wanda Ortiz Carrión, a quien volví a ver en la Interamericana después de muchos años cuando estudiábamos en las escuelas de Sabana, de Luquillo, y hasta en el mismo Humacao.

¡Hola, Wanda! Me dio mucha alegría volverte a ver.

Cuando Wanda me vio, después de tantos años, me dijo: "Yo a ti como que te conozco. ¿Tú eres Héctor?"

Yo le respondí: "No. Héctor es mi hermano. Yo soy José Luis Rodríguez. Estudiamos juntos en Sabana, en Luquillo y en Humacao".

Me contestó: "De Humacao no recuerdo, pero sí de Sabana y de Luquillo".

Entendí porque ella no se acordaba haberme visto en Humacao. Ella era estudiante diurna, mientras que yo era nocturno. Cuando me cambié a diurno, a veces la veía al ojear con curiosidad dentro de los salones, otras veces en los pasillos, pero nunca interactuamos en Humacao.

Permíteme contarte, Wanda, y a todos mis lectores, las aventuras que viví después que me gradué en la universidad Interamericana de Fajardo el 4 de junio de 1996.

Trabajé como profesor

Otra buena amiga mía es la Sra. Odette López. Ella me logró una entrevista con la entonces directora del Instituto de Banca, Mrs. Claribel López. En el Instituto de Banca se me concedió el privilegio de enseñar contabilidad, español y matemática. La señorita Claribel me trató con mucho profesionalismo y me dio la mano para ayudarme a "romper el hielo" en el primer año de experiencia como profesor, hasta que observó que todo marchaba bien con los diferentes grupos de estudiantes. Gracias, Mrs. Claribel. La extraño muchísimo.

Me encantaba dar clases allí, especialmente porque la mayoría de los estudiantes eran mujeres. Yo las hacía reír muchísimo y aprendían en cantidad. Siempre les decía que tal parecía que yo debí haber hecho algo bueno para merecerme tener el privilegio de darle clases a los grupos como ellas. A pesar de todo lo bueno del instituto, no duré muchos años allí porque era un trabajo a tiempo parcial. Por esa razón, tan pronto tuve la oportunidad decidí dedicarme a trabajar por mi cuenta.

Trabajé como contador

Desde que llenaba mis propias planillas de impuestos en el servicio militar, siempre pensé que debía darme la oportunidad de dedicarme más al trabajo de contador. Por la gracia de Dios, conseguí un grupito de clientes. Como en toda otra profesión, hay que ganar experiencia practicando y practicando para poder llegar a ser un buen profesional. Gracias a la ayuda de un amigo quien conocí en la universidad, Julio Vidal, pude pulirme mejor llenando planillas de todo tipo. Las que me daban más dificultad eran las de los clientes que tenían negocio. Gracias a Vidal, aprendí acerca de las formas correctas para usar y dónde conseguirlas. Como estaba saliendo bien con el negocito, quise aprovechar el tiempo que tenía libre para perseguir una maestría.

El dilema con la maestría

Viajé desde Río Chiquito en Luquillo hasta la Universidad Interamericana de Hato Rey por unos dos años. Me faltaban solamente tres clases más para graduarme cuando mi esposa tuvo un accidente en su automóvil. Según ella relató el accidente, el otro conductor sería quien tuviera la culpa. Pero la otra persona era "amiga" del policía que tomó el informe. Aunque nadie murió ni salió herido, Lydia fue demandada para cubrir los gastos del arreglo de vehículo de la amiga de la policía. No teníamos la cantidad que pidieron. Tuve que pedir prestado, y conseguir otro trabajo inmediatamente. Lo primero que conseguí fue trabajando como oficial de seguridad. Esto causó un paro en mi labor como contador independiente y en mi esfuerzo educativo. Le referí todos mis clientes a Julio Vidal.

Trabajé como Guardia de Seguridad

Fue a principios de 1999 que acepté un empleo a tiempo completo como oficial de seguridad. Me asignaron a trabajar en Carolina, Puerto Rico. En Carolina duré unos cuatro meses y fui trasladado a un proyecto de construcción en Canóvanas, donde duré unos ocho meses más. La mayoría de los poemas que llegué a publicar muchos años después (el 13 de septiembre de 2015) en el libro titulado: Tres presentaciones que ayudan, los compuse mientras trabajaba de guardia de seguridad en Canóvanas, Puerto Rico.

Recibí mis inspiraciones de Dios a través de varios canales. Por ejemplo, un noche como a eso de las dos de la madrugada observé una extraña luz que parecía una estrella fija en el firmamento. Pero me llamó la atención que parecía moverse de lugar. Luego comenzó a descender y mantuve mi vista fija en la luz. Cuando llegó a la altura de un edificio alto, observé algo así como una repentina explosión. Solamente quedó un humito, pero el objeto que fuera desapareció. Esto fue un poco traumático e inspirador. Por esa razón fue que escribí el tema "ALGO BUENO OCURRE" que puede encontrar en la página 105 del libro "Presentaciones Exclusivas" (Rodríguez, 2014). Le recomiendo que lo lea para que vea un ejemplo de una inspiración que dice una verdad con el uso de extraordinarias rimas.

Los trabajos en seguridad son buenos porque son legales. Pero tal parece ser que hay personas que no pueden hacer turnos rotativos, cambiando de noche y de día, sin que les afecte de alguna manera su capacidad mental. En mi caso, comprobé que no sirvo para eso. Imagínese, una persona como yo quien sacaba buenas notas en la universidad, pero ahora de pronto me encontraba haciendo cosas que antes no hacía. ¿A qué me refiero?

Un día entré a un edificio a hacer las rondas requeridas. Aquel edificio estaba bajo construcción y tenía mucha materia aislante suelta. Esto significa que había muchas partículas invisibles flotando por el aire. Cuando llegué a mi casa, me sentí la nariz bien obstruida. Por más que trataba de limpiármela, esta seguía bloqueada. ¿Saben lo que se me ocurrió? Lo que hice fue que le eché on poco de líquido de fregar a medio vaso de agua, lo batí bien y me lo eché dentro de la nariz. ¿Para qué fue aquello?

De momento se me olvidó que podía respirar por la boca. La había mantenido cerrada tratando de respirar por la nariz que estaba afectada con los químicos que contiene el líquido de fregar. Ya, casi asfixiado, se me ocurrió abrir la boca y tragué aire hasta lo último, como podrá usted imaginarse que hace una persona cuando sale con fuerza a la superficie del agua después de haber aguantado la respiración hasta más no poder. Los ojos se me pusieron bien rojos y la nariz chorreada. Seguí sacudiendo y sacudiendo la nariz metiéndome agua limpia y sacudiendo. Después de unos cuantos minutos, comencé a sentirme mejor.

Cuando mi esposa regresó de la iglesia, tan pronto me vio me preguntó, "¿Qué diantres te pasó a ti?"

Le dije: "No podía limpiarme la nariz y me eché líquido de fregar. Por poco me muero".

Ella me dijo: "Pero muchacho ¿Tú estás loco? Tú que eres un hombre que has estudiado tanto, ¿Cómo se te ocurre hacer una loquera como esta?"

Le dije: "Por lo menos la nariz está limpia ahora".

Indudablemente, las muchas horas de trabajo en rotación continuaron afectando mi pequeño cerebro, el cual ya podía estar afectado también por el estrés militar. Otro día me fue mucho peor. Otro día escuché un ruido dentro del oído izquierdo. Rápidamente vino a mi recuerdo cuando era estudiante universitario. Una joven murió porque que se le metió algo dentro del oído y para el tiempo en que la llevaron al hospital, la muchacha ya había muerto.

Acordándome de esto, no perdí tiempo. Lo primero que vi, fue una botella para matar cucarachas (No recuerdo si decía, Real Kill o Black Jack, pero era una de esas). Me abrí el oído y me eché del veneno que sale del rociador de la botella. Adivine qué me pasó. Inmediatamente el líquido me mareó. Todo comenzó a dar vueltas hacia la izquierda. Me asusté muchísimo porque parecía que no tenía un fin. Cuando la sensación de voltear hacia la izquierda por fin se detuvo, entonces comenzó a girar hacia la derecha. Cuando volvió y se detuvo, comenzó otra vez hacia la izquierda. ¡Ahí fue que me puse bien asustado!

Le dije a Dios: "Señor, tú sabes que hice esto por ignorancia. ¡Ayúdame!".

Me tiré de rodillas, todavía mareado. El mareo comenzó a ser menos y menos, hasta que me sentí normal. ¡Qué susto!

Pero lo que se estaba moviendo dentro del oído, dejó de moverse y no me morí. ¿Se me habrán muerto algunas de las células cerebrales? No lo sé. Me siento ser una persona normal, aunque algunos parecen que piensan lo contrario.

Ahora tengo una mejor idea por qué las cucarachas cuando reciben este veneno se tuercen de espaldas y comienzan a dar vueltas en el suelo hasta que se mueren. ¡Pobrecitas!

Todos estos desafortunados accidentes, físicos o mentales, casi logran quitarme el gozo de la salvación. Digo, "casi" porque de alguna manera milagrosa Dios continuó a mi lado ayudándome a madurar como persona. Todo el entrenamiento militar no pudo quitar de mi rostro esa sonrisa natural que Dios puso en mí desde que recibí a Cristo como mi Salvador. Sin embargo, cuando salí de Canóvanas, cualquier persona que me conocía de antaño se podía dar cuenta que algo terrible me había sucedido. Mis ojos me delataban. Tuve que salir de Puerto Rico y dejar a tanta gente amada atrás.

Cuando escribí el libro parecido a este en inglés, pienso que me inspiré y escribí algo que nunca lo había escuchado. ¡En inglés, como que rimó! Allí dije que el amor verdadero es una maravilla de la naturaleza y un regalo de Dios. Que aunque es algo tan común en la humanidad, tiene la virtud de ser único en su diseño. Esto fue lo que escribí: "True love is a wonder of nature and a gift from the Divine. It is common among people, yet unique in its design" (Rodriguez, 2011).

Si se me dieran a escoger entre un dolor físico y un dolor emocional, escogería el dolor físico sin pensarlo dos veces. ¡Qué mucho duele dejar a alguien a quien se ama tanto atrás! No crea eso que el asunto de llorar es solamente para las mujeres. Los hombres también lloran, por supuesto. Lloré muchísimo en el aeropuerto, dentro del avión, y necesité ayuda médica tan pronto llegué a los Estados Unidos.

Dentro de los muchos motivos que tuve para salir de Puerto Rico, sobresalieron tres: Mi hija mayor se nos había ido a Connecticut y estaba teniendo problemas de adaptación, mi madre empeoró mucho de salud y nos pusieron en alerta, y por primera vez en mi corta vida había caído en una depresión. Tener que mudarme fue algo obvio y necesario.

En casa de los Castillo

Mi hermana Gladys me recogió en el aeropuerto de New York y me alojó en su residencia. Su esposo, Roberto Castillo hizo muchísimo por mí. Me llevó al Hospital de Veteranos que está en West Heaven, Connecticut donde recibí ayuda contra mis problemas emocionales. Al poco tiempo quedé completamente procesado en el hospital. La Dra. Reisman fue mi doctor primario y me dio todas las atenciones médicas y seguimientos necesarios. Echo de menos a esta doctora porque llegó a mi vida como si se tratara de un ángel enviado por Dios para socorrerme.

Doy gracias también a Dios por esta familia Castillo quien me ayudó tanto y toleró mi presencia en su casa por varios meses. En este tiempo se esperaba el fin del mundo. Parece ser que todos nos contagiamos con la idea de que algo significativo iba a ocurrir para esos días finales del año 1999 y recibir el comienzo del 2000, que es el siglo veintiuno. Era mucha la tensión que vivíamos en esos días. Yo había favorecido al partido republicano hasta ese año, pero no me gustó la manera como el expresidente Bush ganó la presidencia. Desde entonces he sido un demócrata.

En el apartamento de mi tía Matilde

Varios meses después de haberme alojado con los Castillo, me mudé a un apartamento más cerca de donde mi madre estaba hospitalizada. Mi tía Matilde Calderón me recibió en su apartamento en Laurel Court en Bridgeport. Mi esposa no perdió tiempo. Logró vender muchas cosas en Puerto Rico y la recibí a ella y a mis hijas en dicho apartamento. ¡Gloria a Dios! ¡Qué bueno es tener la familia que uno tanto ama cerca! ¡Gracias, Señor! Pero estábamos incómodos porque mi tía tenía un solo cuarto disponible, y allí tuvimos que acomodarnos todos.

Apartamentos rentados en Bridgeport

Unos pocos meses después, le renté un apartamento a Jesie, un joven quien compraba las casas viejas y las arreglaba para rentarlas. Estuve trabajando unos cuantos meses para él. Cuando me pagaba, rápidamente le devolvía su propio dinero porque era el dueño del apartamento. Antes del año de estar en la propiedad del joven empresario, mi tía Matilde me avisó de un apartamento que quedó disponible en el 34 de Laurel Court (exactamente encima de su apartamento) y nos mudamos.

Maestro Substituto

Después de mudarme, dejé de trabajar para Jesie y conseguí empleo como maestro substituto en las escuelas de Bridgeport, Connecticut.

Duré unos dos años trabajando como substituto en todas las escuelas de Bridgeport, Connecticut. Estaba en una lista de espera y todas las mañanas tenía que esperar que me llamaran para ver a cuál de las escuelas debería ir a substituir. Imagínese usted una persona de mi carácter tratando de sobrevivir en los salones de clases con jovencitos de todo calibre. Muchos eran inteligentes y bien educados, pero siempre había otros grupitos que "daban mucha candela". Especialmente los de séptimo grado. ¡Qué mucha energía tienen los estudiantes a esa edad!

Averigüé que una de las maestras a la que sustituí tuvo que dejar el empleo porque los estudiantes la enfermaron de los nervios, o algo así. Estoy hablando de las escuelas públicas de Bridgeport en los primeros dos años del siglo veintiuno, no de las escuelas privadas. ¡Que valga la aclaración! Es posible que ahora en el 2016 los estudiantes ya puedan portarse mejor con sus maestros y con los desafortunados substitutos que tienen alguna desventaja intelectual o cultural. Sí, porque si los substitutos son inteligentes y dominan bien el lenguaje, tienen mucha mejor probabilidad de ser efectivos en su trabajo. Recuerdo un día que el Departamento de Educación envió una joven morena para que me ayudara. Me causó admiración la manera tan audaz como logró mantener el control del grupo; y ella decía que era substituta.

Un día una niña me faltó el respeto. Me le acerqué para hablarle. Parece que pensó que le iba a pegar y me amenazó con demandarme, si me atrevía a tocarla. ¿Qué hice? Llamé al principal por ayuda. Él vino y calmó al grupo. A duras penas pude terminar mi día en aquella escuela.

Otro día un joven me dijo que no iba hacer trabajo alguno, sino que iba a seguir haciendo bolitas de papeles y arrojándolas por todo el salón hasta que trajeran un verdadero maestro. Como no guardaron respeto, llamé a la oficina a pedir ayuda. Este otro Director también vino y puso orden en el salón. Lo primero que dijo cuando llegó fue que "cuando el gato no está, los ratones hacen fiesta". Les dio un discurso que hizo muchísimo sentido. Recuerdo que les dijo, dentro de otras cosas, que pensaran que yo era su padre. Les preguntó, "¿Ustedes se comportarían así si el substituto fuera su padre? Piensen que es su padre. Respétenlo". Cualquier estudiante normal podía entender el mensaje. Sin embargo, a los cinco minutes del principal haberse retirado, volvieron hacer lo mismo. Llamé otra vez, pero no para pedir ayuda. Dije que me iba, que enviaran a otro. El director me rogó que no me fuera, pero le dije que me iba. Tomé lo que me pertenecía y me fui. No volví ya más a ser llamado para trabajar en aquella escuela en particular.

Llegué a mi casa con la presión sanguínea "por el cielo". Le dije a mi esposa que yo no sabía cómo Dios puede amar a gente que se comporta de esa manera. Tal vez será que no estoy "cortado" para hacer ese tipo de trabajo. Allí se necesitaban ayudantes que pudieran lidiar con los estudiantes. Ya estaba categorizado como un "mild teacher" y simplemente no pude trabajar en algunas de las escuelas.

Sin embargo, cuando me asignaron una escuela superior, allí siempre me iba bien. Los estudiantes hacían los trabajos que les habían dejado sus maestros ausentes y ninguno me faltaba el respeto. Me gustó muchísimo cuando pude ir todos los días corridos por varios meses a substituir un maestro que daba español y tuvo que viajar de emergencia a otro país. Allí conocí muchos respetuosos e inteligentes estudiantes como Elizabeth Escárate, una peruana encantadora. Pude distribuirle trabajo hasta a mis propias hijas Josephine y Verónica, quienes estaban orgullosas de tener a su propio padre como el maestro sustituto de sus clases. A pesar de todo esto, cuando el maestro de español regresó, me quisieron asignar otra vez a las escuelas elementares, pero preferí salirme de la lista. En esos días fue que mi madre falleció.

Mi madre fallece

Recuerdo en la década de los ochenta cuando mi madre se puso bien grave. La Cruz Roja me alertó estando en el ejército y recibí un pase para venir a verla, pues supuestamente, se iba a morir.

Una hermana mía me dijo por teléfono: "Chegui, si no vienes pronto, no la vas a ver viva".

Le contesté: "El que la ha mantenido viva hasta hoy, puede preservarla viva hasta que yo llegue y aún más tiempo, si le place".

Efectivamente, llegué a la unidad de cuidado intensivo del hospital de Bridgeport, y se me permitió entrar a verla. Oré por ella con la virtud del Espíritu Santo. Muchos hermanos la visitaron y oraron por ella también, y pronto salió de intensivo.

Sé que hoy día muchas denominaciones religiosas no apoyan esto de hablar en lenguas. La manera como lo explican es que cuando los apóstoles del Señor recibieron la promesa del Espíritu Santo de la que les había hablado Cristo después que resucitó un poco antes de irse, era para ese tiempo en particular. Dicen que Dios les dio lenguas para que los visitantes extranjeros pudieran entender lo que los apóstoles decían. Según estos maestros, ya Dios no tiene necesidad de darle lenguas a nadie porque eso ya se cumplió.

Me da pena que muchos crean de esta manera y limiten el poder de Dios a un tiempo en particular. La verdad es que no saben la bendición que se están perdiendo. Cuando oré por mi madre en aquella ocasión, Dios me dio unas lenguas poderosas. Yo no sabía lo que las lenguas decían, pero Dios se glorificó en mi madre y Dios la levantó. Dios escuchó las oraciones de todos los que oraron por ella, y la levantó. Duró otros veinte años más, para la gloria del Dios Altísimo.

Luego en el 2002, se puso bien grave otra vez. Dios me indicaba que el tiempo de ella había llegado. Por eso no le pedí a Dios que la sanara, sino que tuviera de ella misericordia y la ayudara a descansar ya. Mientras le sostenía su mano en el hospital, noté que me miraba con pena por causa del mucho dolor por el que estaba pasando. Ella sabía que se iba a morir. Le dije, "No se preocupe, mami, todo va a estar muy bien". Luego, los hijos dimos la autorización para el administro de la droga final que la ayudó a partir de esta tierra sin más dolor. ¡Gloria a Dios! Ya dejó de sufrir. Mi madre sufrió de artritis reumática desde que tenía unos cuarenta años de edad. Otros cuarenta años transcurrieron, más o menos, hasta que por fin se nos fue con el Señor. Ella murió el 16 de julio de 2002, pero siento que está conmigo todos los días, especialmente cuando me acuesto a dormir.

Trabajé otra vez de Oficial de Seguridad

Como no quise trabajar más de maestro substituto, el empleo que conseguí fue como oficial de seguridad otra vez. Trabajé para dos compañías de seguridad al mismo tiempo: una en la estación de trenes en Bridgeport, Connecticut y la otra en gran edificio en Stamford, Connecticut. Eran dos compañías diferentes, por lo tanto, los uniformes de los oficiales eran de diferente color. En septiembre de 2003 dejé esos trabajos porque me ofrecieron un mejor empleo en Carolina del Norte.

Empleo en Carolina del Norte

Comencé a trabajar para Diosynth, Inc. Akzo Nobel en Morrisville, NC el 15 de septiembre de 2003 donde, por la gracia de Dios he podido permanecer y donde Dios me da el pan de cada día. Cuánto oré para conseguir este empleo, la descripción del viaje desde Connecticut, la ayuda que nos brindó la familia del pastor Cortez, y la casa cómoda que Dios nos dio…está todo detallado en el libro en inglés, no se lo pierda.

Otras explicaciones

Entiendo que será muy difícil ver comentarios que favorezcan mi esfuerzo. Los comentarios favorables son más fáciles para escucharlos, lamentablemente, después que el autor se muere.

En mi caso, creo definitivamente aplicable lo que Jesús dijo en San Juan 12:24 que *"si el grano de trigo no cae en tierra y muere, queda solo; pero si muere, lleva mucho fruto"*. Aunque esta referencia bíblica es bien aplicable a la agricultura y a la expansión del evangelio, quién sabe si por una esquinita también pueda ser aplicable a la publicación de los trabajos de los autores después que estos se mueren.

¡Nuestro Señor es maravilloso! A medida que vuelo a leer las Sagradas Escrituras, siempre observo algo de lo que no me percaté en las lecturas anteriores. Es más, con tantos "divinos maestros" que tenemos hoy día (Solamente Dios es Divino, que valga la aclaración) ni tan siquiera con ellos podemos abrazar todas las bendiciones que Dios nos da al hacer un estudio personal de las Escrituras.

Ya estoy viejo, pero muchísimo más maduro. Cuando era jovencito, no sabía responder adecuadamente a las preguntas que me hacían los ateos y otras personas de otras religiones – y aun de mi misma denominación – que se burlaban de mi fe. Preguntas como: "Tú dices que Dios es perfecto. Si es perfecto, ¿por qué la Biblia dice que se arrepintió de haber hecho al hombre"? Recuerdo que alguien me dijo que Jesucristo no debe ser adorado como Dios porque la Biblia dice que fue el primer ser creado por Dios, y como fue creado, no puede ser Dios. Otro me dijo que eso de la vida eterna es solamente un parecer del ser humano. Me leyó en San Juan 5:39-40 donde dice, *"Escudriñad las Escrituras; porque a vosotros os parece que en ellas tenéis la vida eterna;..."*. Les contesté vagamente y con tartamudeos. Muchas de las contestaciones apropiadas a estas preguntas ya las presenté en mis primeros escritos. La pregunta sobre Juan 5:39-40, no la expliqué antes. Por eso permítame hacerle aquí un corto comentario.

La manera como está escrito en español (por ejemplo, en la Santa Biblia New International Version de 1960), este versículo parece ordenarnos que escudriñemos las Escrituras. Aunque es cierto que la Biblia nos indica muchísimas veces que estudiemos con diligencia su contenido, el mensaje que le presenta Cristo a sus oyentes en esta ocasión, no es para ordenar que se lean bien las Escrituras, sino que él sea aceptado como la única fuente de vida eterna.

En otras palabras, si re-fraseamos bien lo que Jesús les decía en esos versículos, el verdadero mensaje diría algo como lo siguiente: *"Ustedes estudian diligentemente las Escrituras y piensan que por eso van a tener vida eterna. Sepan que están bien errados. Si quieren tener vida eterna, tienen que aceptarme como su Salvador porque eso es lo que dicen las Escrituras"*. ¡Qué pena que no pude explicárselo así a la persona que me presentó este versículo y enfatizarme el término "os parece"! Le diría que la autoridad que tengo para eliminar las palabras "os parece" me viene de la lectura del mismo pasaje en inglés, donde su traducción del idioma arameo original es más fiel al mensaje bíblico que el español en esta versión de 1960, y en este caso.

Otro caso similar, me ocurrió también cuando era jovencito y recién entrado a la universidad. Un anciano de mi Iglesia quien se creía sabio, me preguntó que cuántas horas tiene un día. Rápidamente, le respondí que el día contiene veinticuatro horas. Él me buscó en San Juan 11:9 aclarándome que según la Biblia, el día solamente tiene doce horas. No recuerdo bien lo que le contesté – pues van ya muchos años de eso – pero sí recuerdo su tono de burla por yo aceptar lo que aprendí en la escuela antes de creer lo que dice la Biblia. Lo que no pude decirle al viejo "sabio" en aquel entonces, es que la Biblia que él estaba usando en español donde Jesús pregunta: *"¿No tiene el día doce horas?"* está más claramente traducido a la Biblia en inglés donde la pregunta se puede traducir al español: ¿No dura la luz del día doce horas? En otras palabras, Jesús lo que afirmó fue que la luz del día dura doce horas, o el tiempo aproximado que dura la claridad desde la salida del sol hasta que se pone y comienza la noche.

Creo que mi vida enseña muchísimo, como puede enseñar la suya. Hice un esfuerzo y publiqué lo que consideré valorable, en inglés y en español. Me preocupa el hecho de que muchos pasan por la vida y no hacen esfuerzo alguno por dar a conocer sus experiencias a quienes necesitarían enterarse de ellas para poder aprender y así estar en mejor armonía con el resto de la humanidad.

Por ejemplo, escribir sus experiencias es un buen método para lograrlo, no que sea necesariamente la única manera de hacerlo. Si lo intenta, le recomiendo que no dependa solamente de su memoria. Mantenga algún récord. Sea organizado. Su familia se lo agradecerá, hasta cuando ya no esté presente en forma física en este mundo.

Además de explicar muchas de las reglas básicas del español, en este escrito también hice un breve recuento de mi vida, que pienso es ordinaria. Si usted opina que es extraordinaria después de haberla leído, le felicito también. Lo más probable es que tenga toda la razón, y no necesitará hacer mucho esfuerzo para convencerme.

¡Qué Dios me los cuide y me los bendiga a todos! Amén.

Preguntas de repaso

Pregunta uno. En el primer ejemplo, ¿por qué son necesarios los signos de exclamación en la primera oración?

Pregunta dos. En el primer ejemplo, la primera oración contiene dos veces el artículo "el", pero el segundo está con acento ortográfico ¿a qué se debe esto?

Pregunta tres. ¿Qué usted opina del primer ejemplo en general? ¿Qué arreglaría? (Si no tiene idea, repase la sección que habla de redacción y composición).

Pregunta cuatro. ¿En forma general, qué usted opina del segundo ejemplo? Escriba lo que sienta. Si le gustó, si no le gustó, si es muy gráfico, si este mensaje no es apropiado para todas las audiencias, y por el estilo. Hágalo para que practique su ortografía.

Pregunta cinco. Encuentre en el segundo ejemplo las veces que se muestra "la voz pasiva" y cámbiela por "voz activa". Por ejemplo, "Después que **habían pasado** unos cuatro meses, parece ser que el levita echaba de menos a la mujer con la que **había estado** acostumbrado a vivir..." Cámbielo por, "Después de transcurrir cuatro meses, parece ser que el levita echó de menos a la mujer con la que **estaba** acostumbrado a vivir..."

Pregunta seis. En el segundo ejemplo, ¿Cuáles son algunos de los temas que sobresalen?

Pregunta siete. ¡Arregle ortográficamente la contestación en el tercer ejemplo!

Pregunta ocho. ¡Arregle ortográficamente la contestación en el cuarto ejemplo!

Pregunta nueve. ¡Arregle ortográficamente la contestación al quinto ejemplo!

Pregunta diez. En el sexto y último ejemplo para corregir ¿Qué opina de la manera como están escritas las experiencias de Chegüi?

Respuestas sugeridas para algunas de las preguntas de repaso

Contestación a la pregunta uno del primer ejemplo. Los signos de admiración son necesarios porque la oración expresa admiración y emoción.

Contestación a la pregunta dos del primer ejemplo. El primer "el" es un artículo, pero el segundo se refiere a una persona (se refiere a Dios), por lo tanto, debe ser acentuado.

Contestación a la pregunta tres del primer ejemplo. El primer ejemplo está todo mesclado en un solo párrafo y luce poco profesional. Yo lo arreglaría escribiéndolo parecido al segundo ejemplo donde cada sección quede separada, desde la lectura bíblica hasta la conclusión en todas las secciones posibles. Lectura bíblica, tema,...conclusión.

Contestación a la pregunta seis del segundo ejemplo. Algunos de los temas que sobresalen son: Guerra entre hermanos; La hospitalidad es necesaria; La importancia de la unidad; Sin mujeres, no podemos sobrevivir; Cómo actuar bajo la perfecta voluntad de Dios; La voluntad permisiva de Dios; Consecuencias de la desobediencia.

Contestación a la pregunta siete. ¿Nos conviene siempre decir la verdad? ¡No! No nos conviene siempre decir la verdad, especialmente si no es necesaria, o si nos puede causar problemas. Por ejemplo, si Samuel le decía al primer rey de Israel, Saúl, que iría a Belén a ungir a quien iba a ser el próximo rey, Saúl hubiera matado a Samuel. En lugar de decir que iría con ese principal propósito, el mismo Dios le indicó que dijera que iría solamente con el propósito de ofrecer sacrificio a Jehová; lo cual era cierto también porque Dios no habla mentiras. De esta manera, la vida de Samuel quedó preservada hasta que fuera su tiempo indicado para morir. Esto lo encontramos en 1 Samuel 16. ¡Observe el verso dos de ese capítulo!

Contestación a la pregunta ocho. ¡Falso! En Éxodo 4:11 dice que Jehová fue quien hizo al mudo, al ciego y al sordo.

Contestación a la pregunta nueve. ¡Eso es falso! No importa cuánta preparación tenga el predicador, ni cuánto Dios lo respalde, hay veces cuando el pueblo no quiere oír. Según aprendemos de Éxodo 6:6-9, si los oyentes están acongojados de espíritu, o si están siendo esclavizados, eso les impide poder oír el mensaje de Dios.

Referencias

El Pequeño Larousse Ilustrado (2005) *Edición de Colección* www.larousse.com.mx

King, Larry D. *"Spanish Language."* Glorier Multimedia Encyclopedia. Glorier Online, 2012. Web.14 Apr. 2012

Real Academia Española (2012) *Consulte el Diccionario de la lengua española* Obtenido el 26 de abril de 2012 de www.rae.es

Santa Biblia (1960) New International Version

Sobre el Autor

José se graduó del Instituto Bíblico Latinoamericano y fue maestro de dos institutos bíblicos por muchos años. También tiene una maestría en administración de empresas y dio clases de español, matemática y contabilidad en Puerto Rico.

José L. Rodríguez Calderón es puertorriqueño, pero vive en Raleigh, North Carolina, con su esposa, Lydia de Jesús Delgado.

Actualmente, trabaja como técnico de producción para una empresa de manufactura y farmacéutica en la ciudad de Durham, NC. ¡Gloria a Dios!

Printed in the United States
By Bookmasters